영양학 전문가가 제안하는 슬로에이징 식단

저속노화 레시피

Prologue

나이 드는 속도를 조절할 수 있다면
얼마나 다르게 살 수 있을까요?

누구에게나 공평하게 찾아오는 것이 '노화'지만, 그 속도와 방향은 각자의 선택에 따라 달라질 수 있습니다. 젊음을 되돌릴 수는 없지만, 더 천천히 나이 들 수는 있습니다. 저는 이것을 '저속노화'라 부릅니다.

그동안 수많은 환자들과 건강 상담을 해오며 느낀 점이 있습니다. 많은 분들이 노화를 늦추기 위해 무언가를 먹고, 바르고, 참으며 하루하루를 살아갑니다. 하지만 그 과정에서 오히려 몸을 지치게 하거나 지속할 수 없는 습관을 반복하는 경우도 많았습니다.

저속노화는 다릅니다. 억지로 젊음을 유지하려는 것이 아니라 내 몸의 리듬에 귀 기울이고, 나에게 꼭 맞는 속도로 나이 들어가는 법을 배우는 과정입니다. 그 출발점은 바로 '식사'입니다.

이 책은 저속노화를 위한 식생활의 기본 이론과 실천 전략을 담았습니다. 비타민과 미네랄, 피토케미컬과 수분처럼 눈에 보이지 않지만 노화에 큰 영향을 주는 요소들을 쉽게 설명하고자 했고, Q&A 형식을 통해 실제 삶에서 마주하는 고민들에 친절하게 답하고자 했습니다.

저칼로리 다이어트도 아니고 비싼 영양제를 권하는 것도 아닙니다. 우리가 매일 먹는 식사 한 끼를 조금 다르게 구성함으로써 피부의 탄력을 지키고, 혈관을 건강하게 유지하며, 무엇보다 나답게 나이 들 수 있는 여유를 되찾는 길을 안내하고 싶었습니다.

이 책의 다음 장에서는 직접 실천할 수 있는 레시피들을 소개합니다. 어메이징푸드솔루션에서 오랫동안 연구해온 영양학적 기준과 꾸준히 식단을 실천해온 분들의 경험을 바탕으로 구성했습니다. 마음을 다해 준비한 이 작은 안내서가 여러분의 식탁에 건강과 위로를 더해줄 수 있기를 바랍니다.

천천히, 그러나 분명하게.
오늘보다 내일, 더 건강하고 단단한 나로 나이 들기를 바랍니다.

박현진 어메이징푸드솔루션 대표, 영양학 박사

Contents

1부
저속노화란 무엇인가?

- 10 노화, 제대로 이해하기
- 15 똑똑한 저속노화 식사법
- 20 저속노화에 필요한 영양소
- 44 저속노화 식단의 5가지 가이드
- 50 신선한 재료 보관법과 조리법
- 54 저속노화 Q&A

2부
똑똑하게 즐기는 저속노화 레시피

Part 1

건강한 혈관을 위한 저속노화 레시피

- 64 병아리콩 팔라펠
- 66 렌틸콩 양배추볶음
- 68 지중해식 고등어조림
- 70 연어 빠삐요트
- 72 병아리콩 토마토 샥슈카
- 74 병아리콩 달걀 샐러드
- 76 셀러리 들깨볶음
- 78 양배추 들기름무침
- 80 완두콩 부라타치즈 샐러드
- 82 쇠고기 렌틸콩 포케
- 84 연어구이 덮밥
- 86 콩비지 포카치아
- 88 갈릭 병아리콩 수프
- 90 사과와 땅콩 스프레드

Part 2

근육에 활력을 주는 저속노화 레시피

- 94 시금치 토마토 프리타타
- 96 연두부 샐러드
- 98 연두부 튀김
- 100 훈제오리 채소찜
- 102 순두부 김말이 튀김
- 104 쇠고기 애호박전
- 106 닭가슴살 장조림
- 108 로스트 치킨
- 110 닭고기 파에야
- 112 퀴노아 닭죽
- 114 오야코돈
- 116 치킨 토르티야
- 118 찹스테이크 덮밥
- 120 스터프드 에그
- 122 닭가슴살 두부면 샐러드
- 124 완두콩 옥수수전

Part 3

뼈를 채워주는 저속노화 레시피

- 128 씨푸드 샐러드
- 130 부야베스
- 132 주키니 리코타 롤
- 134 새우 표고버섯전
- 136 해조류 오일 파스타
- 138 매생이 굴 파스타
- 140 대파 크림치즈 통밀 베이글
- 142 치즈 소스 새우구이
- 144 참치 타다키
- 146 우유 달걀 카레
- 148 봉골레 아스파라거스 리소토
- 150 검은콩 셔벗

Part 4

장 건강을 지켜주는 저속노화 레시피

- 154 근대 프리타타
- 156 곤약면 잡채
- 158 연근 브로콜리 들깨무침
- 160 콜라비전
- 162 가지 카포타나
- 164 시금치 웜 샐러드
- 166 동유럽식 양배추쌈
- 168 라따뚜이
- 170 쿠스쿠스 샐러드
- 172 셀러리 볶음 쌀국수
- 174 지중해식 통밀 샐러드
- 176 건과일 오트밀 쿠키
- 178 아보카도 오픈 샌드위치
- 180 베리 치아 푸딩
- 182 낫토 비빔밥

Part 5

탄력 있는 피부를 위한 저속노화 레시피

- 186 사과 비트 당근 샐러드
- 188 표고버섯구이 배추쌈
- 190 딸기 돌나물 샐러드
- 192 사과 치커리 무침
- 194 오렌지 루콜라 샐러드
- 196 토마토 카르파초
- 198 토마토 오이 샐러드
- 200 가지 피자
- 202 그릭 샐러드
- 204 과일 타르틴
- 206 과일 팬케이크
- 208 레몬 포셋
- 210 두부 바나나 스무디
- 212 그릭 요거트 바크
- 214 무화과 그릭 요거트

1부

저속노화란 무엇인가?

노화는 나이가 들며 서서히 찾아오는 자연스러운 변화입니다. 하지만 그 원인과 속도를 늦추는 방법은 완전히 밝혀지지 않았습니다.

최근에는 '저속노화', '슬로에이징' 같은 개념이 주목받으며, 노화는 더 이상 시니어만의 과제가 아니라 모두의 관심사가 되었습니다. 건강과 젊음을 유지하기 위해서는 노화의 과정을 이해하고 스스로를 돌보는 습관이 필요합니다.

노화, 제대로 이해하기

사람은 태어나서 성장과 발육을 거친 후 점차 신체 기능이 쇠퇴하는 노화를 경험하게 됩니다. 다시 말해 노화는 '나이가 들어감에 따라 신체의 구조와 기능이 점차적으로 퇴화하는 것'이라고 할 수 있습니다.

노화는 단순히 시간이 지나면서 신체가 쇠퇴하는 것이 아니라, 신체 내 평형이 깨짐에 따라 발생하는 기능 저하 현상입니다. 따라서 노화는 시니어만의 문제가 아닌 모든 사람이 겪는 현상이며, 일반적으로는 20대부터 시작해서 평생 지속되는 과정이라고 볼 수 있습니다.

1987년 〈사이언스〉지의 '성공적인 노화에 관한 연구'에 따르면 성공적인 노화를 위해서는 신체·사회·정신 기능이 적절히 유지되어야 한다는 사실이 밝혀졌습니다. 또한, 노화는 유전적인 요인만이 아니라 생활습관의 영향을 받는다는 것이 확인되었습니다. 따라서 노화의 위험 요인을 개선한다면 성공적인 노화를 이룰 수 있을 것입니다.

노화는 왜 일어날까요?

노화가 진행되면 세포의 분화와 증식 능력이 감소하게 됩니다. 그에 따라 특정 분자 구조가 변화하고 관련된 반응 경로도 달라집니다. 이러한 과정은 우리 몸의 조직·장기·기관의 항상성을 저하시킬 뿐만 아니라, 외부 스트레스에 대한 저항력도 감소시킵니다. 그 결과 질병에 걸릴 확률이 증가하며, 결국 사망에 이르게 됩니다.

활성산소종에 의한 세포 손상

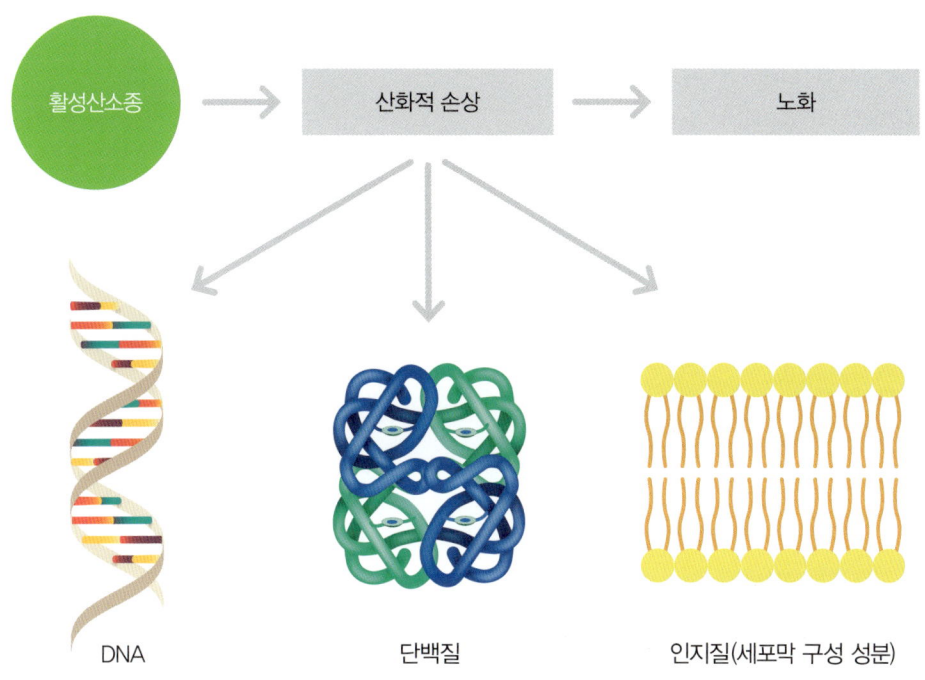

노화가 시작되는 시기와 속도, 원인은 사람인마다 다릅니다. 유전자, 자라온 환경, 식습관, 생활습관 등 다양한 요인이 노화에 영향을 미칩니다.

우리 몸을 구성하는 세포는 일정한 주기를 가지고 스스로 복제해서 동일한 세포로 분열합니다. 세포의 사멸과 분열 과정을 반복하면서 우리는 고유의 모습을 유지하며 성장합니다. 그러나 세포는 무한히 분열할 수 없고, 결국 세포 분열이 멈추는 시점이 옵니다. 이 시점이 바로 노화의 시작입니다. 노화는 세포의 노화에서 비롯됩니다.

세포 분열이 멈추면, 과거에는 쉽게 처리할 수 있었던 신진대사 과정이 원활하게 이루어지지 않게 됩니다. 그로 인해 생리적 기능이 저하되고, 조직의 위축 현상이 나타납니다. 세포의 노화가 진행됨에 따라 신체 내외의 세포뿐만 아니라 이를 통해 보호받고 지탱되는 다양한 조직들의 기능도 떨어지게 됩니다. 예를 들어, 운동을 담당하는 근육 조직과 신호 전달을 담당하는 신경 조직의 기능이 감소하게 되며, 이는 신체 기능의 전반적인 저하로 이어지고 결국 신체 기능의 노화가 발생합니다.

세포의 노화는 우리가 접촉하거나 섭취하는 것에 따라, 외부 환경에서 받는 영향에 따라 그 속도가 달라집니다. 그중에서도 영양은 오랫동안 연구되어 온 중요한 주제입니다. 건강하고 균형 잡힌 식습관을 유지하면 질병을 예방하고 만성질환의 위험을 낮출 수 있습니다. 또한, 질병에 걸리더라도 빠르게 회복할 수 있어 신체 기능을 더욱 건강하게 유지하고 노화를 지연시킬 수 있습니다.

노화가 빨리 진행되는 이유

노화의 속도는 사람마다 다르며, 식습관, 생활습관, 생활 패턴 등에 따라 영향을 받습니다. 그러나 공통적으로 산화 스트레스가 증가하면 노화가 가속화됩니다. 세포 내 에너지가 소진되고, 이 과정에서 생성되는 활성산소종 Reactive Oxygen Species(ROS)이 많아지면 세포가 산화해 손상됩니다. 이러한 활성산소종이 제대로 제거되지 않고 체내에 계속 축적되면 활성산소종의 농도가 높아지고 산화 방지 체계의 균형이 깨지게 됩니다. 이로 인해 세포가 손상되거나 사멸을 일으킬 수 있는 산화 스트레스가 증가합니다.

산화 스트레스가 과도해지면 건강에 여러 가지 이상 신호가 나타납니다. 과도하게 생성된 활성산소는 세포 내 지방질과 결합해 지질 과산화를 일으킵니다. 이는 혈관 내에서 혈전을 생성하고 혈관을 손상시켜 동맥경화, 뇌졸중, 뇌출혈 등을 일으킬 수 있습니다. 산화 스트레스의 증가는 인체 조직에도 손상을 일으켜 암, 백내장, 당뇨병, 뇌질

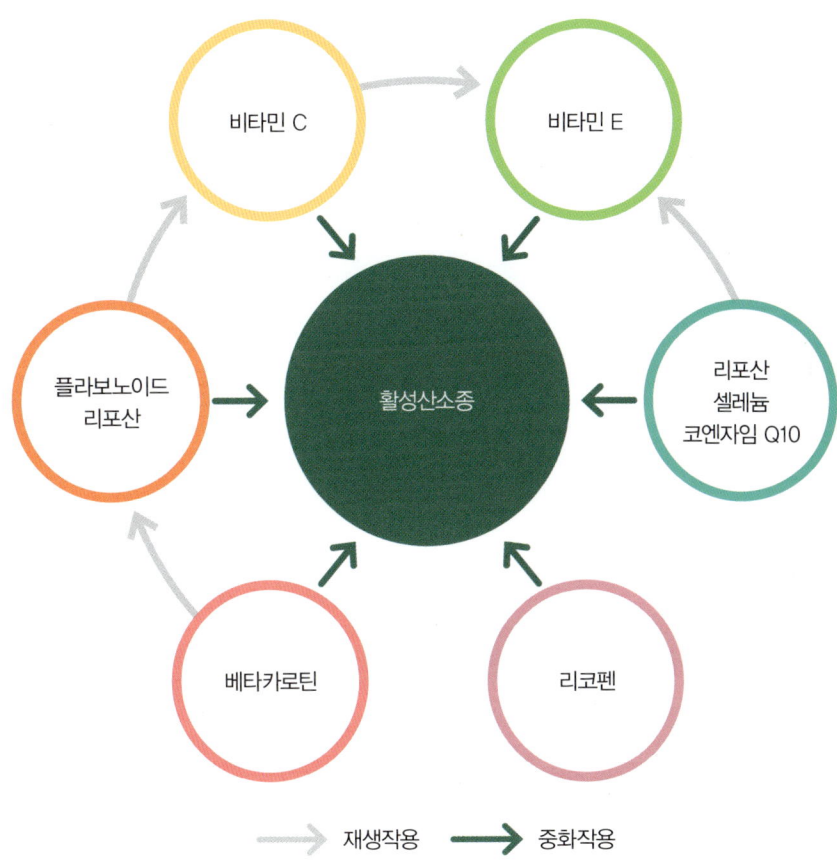

환, 관절염, 심혈관질환 등 만성질환의 원인이 됩니다.

노화를 되돌리기 위한 노력, 안티에이징

안티에이징(항노화)Anti-aging은 생명체가 수명이 다해 죽음에 이르는 과정을 극복하려는 일련의 노력을 의미합니다. 인체의 노화를 지연시키거나, 현 상태를 유지하게 하거나, 나아가 노화를 역전시켜 젊은 상태로 되돌리는 개념으로, 산화 스트레스를 줄이는 것이 핵심입니다.

산화 스트레스의 증가를 막기 위해 우리 몸에는 다양한 산화 방지 효소들이 존재하며, 이것이 산화 스트레스로부터 인체를 보호합니다. 비효소적인 산화 방지 물질도 산화 스트레스로부터 인체를 지키는 중요한 역할을 합니다. 식품으로 섭취할 수 있는 비타민 C, 비타민 E, 셀레늄, 베타카로틴, 카로티노이드, 플라보노이드 등이 산화 방지 물질입니다. 최근에는 산화 방지 활성 효소를 증가시켜 활성산소의 생성을 억제하고 세포 및 조직의 산화에 의한 손상을 줄이는 다양한 기능성 원료들도 출시되고 있습니다. 녹차 추출물, 코엔자임 Q10, 홍삼, 엽록소 함유 식물, 클로렐라, 스피룰리나, 프로폴리스, 스쿠알렌, 토마토 추출물 등이 그것입니다.

그렇다면 항산화 작용은 어떻게 이루어질까요? 우리가 호흡을 통해 마시는 산소 대부분은 정상적인 과정에서 물로 변하고 소변 등을 통해 배출됩니다. 그중 약 2%의 산소는 완전히 분해되지 않고 해로운 물질로 전환됩니다. 다행히도 우리 몸은 이러한 유해 물질을 제거할 수 있는 항산화 방어 체계를 갖추고 있습니다. 그것이 바로 항산화 효소와 항산화 물질들에 의한 항산화 작용입니다. 활성산소를 제거하고 산화 스트레스를 감소시키는 것은 모두 항산화 작용의 역할입니다.

따라서 항산화 물질을 섭취함으로써 활성산소를 제거하고 산화 스트레스를 줄이는 것이 안티에이징의 첫걸음이라 할 수 있습니다.

똑똑한 저속노화 식사법

저속노화(슬로에이징)Slow-aging는 건강하게, 천천히 늙어가는 과정을 의미합니다. 항산화 영양소가 풍부한 식생활을 기반으로, 과도한 설탕·나트륨·지방 섭취로 인한 노화의 가속화를 방지하는 방식입니다. 이처럼 꾸준히 관리하면 우리의 몸을 건강하게 유지하며 노화를 효과적으로 지연시킬 수 있습니다.

저속노화를 돕는 생활습관

과도한 음식 섭취가 일상화된 현대 사회에서는 식습관이 노화를 가속화할 수 있습니다. 저속노화를 실천하기 위해서는 올바른 식습관을 정립하는 것이 중요합니다. 물론 건강과 노화는 단순히 영양소에 의해서만 결정되는 것은 아니고, 에너지 대사를 포함한 생활습관 전반에 따라 달라집니다.

저속노화는 어렵지 않습니다. 단순당류와 정제 곡물, 육류의 과잉 섭취를 피하고 통곡물·녹색 채소·견과류를 꾸준히 섭취하는 건강한 식습관을 실천하는 것에서부터 시작됩니다.

저속노화 식사법이 중요한 이유

① 장 건강을 지켜줍니다
장 건강을 유지하기 위해서는 건강한 식이섬유 섭취가 무엇보다 중요합니다. 자색 양배추는 항산화 성분인 안토시아닌과 글루코시놀레이트가 풍부해 장내 염증을 줄이고 해로운 활성산소로부터 세포를 보호합니다. 비트 역시 안토시아닌과 베타인을 함유하고 있어 장내 환경을 개선하는 데 도움을 줍니다. 이러한 항산화 성분들은 장 건강을 지켜주고, 나아가 전신의 염증을 완화해 저속노화를 실천하는 데 좋은 영향을 미칩니다.

② 탄력 있는 피부로 돌려줍니다
저속노화 식사를 통해 피부 세포의 노화와 수명을 조절할 수 있습니다. 대표적인 것이 커큐민입니다. 커큐민은 나양한 세포 스트레스 반응 경로에 관여하는 천연 항산화제로, p53 유전자의 안정성을 조절해 세포의 손상을 억제하는 데 도움이 된다는 연구가 있습니다. p53은 손상된 DNA를 복구하거나 세포 주기를 조절하는 역할을 함으로써 피부 세포의 건강 유지에 기여하는 것으로 알려져 있습니다. 커큐민은 또한 항산화 및 항염 작용을 통해 피부 노화를 늦추고 피부 탄력을 유지하는 데도 도움을 줍니다.

③ 뼈를 탄탄하게 채워줍니다
성인의 체내에는 약 1,200g의 칼슘이 존재하며, 이 중 99%는 뼈와 치아를 이루고 나머지 1%는 세포 기능에 관여합니다. 뼈 건강의 기본은 칼슘입니다. 하지만 비타민 D가 있어야 칼슘이 제대로 흡수됩니다. 두 영양소를 함께 섭취하면 뼈 건강을 지킬 뿐 아니라 체내 대사 조절에도 도움이 됩니다.

④ 근육에 활력을 줍니다

우리 몸의 골격근은 약 20%가 단백질로 이루어져 있습니다. 그만큼 단백질 섭취가 매우 중요합니다. 실제로 연구에 따르면, 단백질을 충분히 섭취한 노인은 저지방 식단을 따른 노인보다 3년 동안 근육 감소가 약 40% 적은 것으로 나타났습니다. 이처럼 단백질은 근육을 지키고 저속노화에 중요한 역할을 합니다.

⑤ 혈관을 건강하게 유지합니다

혈관은 다양한 원인으로 쉽게 노화되는 조직입니다. 혈관 노화는 동맥경화나 심혈관질환으로 이어질 수 있으므로 특별한 관리가 필요합니다. 쉽게 섭취할 수 있는 항산화 영양소인 플라보노이드는 혈관이 굳어지는 것을 막아주고 혈관벽에 플라크가 쌓이지 않도록 도와줍니다. 또한 좋은 콜레스테롤인 HDL 수치를 높여 혈관을 건강하게 지켜줍니다.

 **식습관**

- 균형 잡힌 영양 섭취
- 영양 불균형을 일으키는 과식과 편식 금지
- 적당한 식사 : 나에게 맞는 식사량 계산법 알기

  > 나에게 맞는 식사량 계산법
  >
  > ① 키의 제곱(㎡) × 22(여성은 21) = kg(표준 체중)
  >
  > ② 표준 체중(kg) × 30(kcal) = 하루 적정 식사량(kcal)
  >
  > ③ 하루 적정 식사량(kcal) − 500~600(kcal) = 체중 감량을 위한 식사량(kcal)

- 식품교환표 활용하기
  - 양질의 탄수화물 섭취
  - 4가지 단백질 섭취하기
  - 하루에 기름은 2/3큰술만 사용하기
  - 저칼로리 균형 식품 섭취하기

 **생활습관**

- 표준 체중과 비만지수(BMI) 계산법

  비만도(%) = 표준 체중 대비 백분율(%) = 측정 체중/표준 체중 × 100

  > 표준 체중 계산 방법
  >
  > 남성 : 키의 제곱(㎡) × 22 | 여성 : 키의 제곱(㎡) × 21

내 체중 상태	계산한 체질량지수 (BMI)
저체중	90% 미만
정상체중	90% 이상, 110% 미만
과체중	110% 이상, 120% 미만
비만	• 경도 : 120% 이상, 130% 미만 • 중등도 : 130% 이상, 160% 미만 • 고도 : 160% 이상

BMI = 체중(kg) / (키의 제곱(㎡))

내 체중 상태	계산한 체질량지수 (BMI)
저체중	18.5 미만
정상체중	18.5 이상, 23 미만
과체중	23 이상, 25 미만
비만	• 경도 : 25 이상, 30 미만 • 중등도 : 30 이상, 35 미만 • 고도 : 35 이상

- 하루 칼로리 필요량

개인의 활동량에 따라 칼로리 계산법이 달라진다.

> 가벼운 활동을 주로 하는 사람 : 표준 체중(kg) × 25~30kcal
> 활동량이 아주 많은 사람 : 표준 체중(kg) × 40kcal

활동량에 따른 에너지 요구량

가벼운 활동	중등도 활동	강한 활동	아주 강한 활동
앉아서 하는 일 (일반사무, 관리) 자녀가 없는 주부	서서 하는 일 (서비스업, 판매, 제조가공) 어린 자녀가 있는 주부	활동량이 많은 일 (농업, 어업, 건설, 축산업)	농번기의 농사, 임업, 운동선수
25~30	30~35	35~40	40~

체중당 필요한 에너지량 (칼로리/kg)

저속노화에 필요한 영양소

저속노화를 실천하는 데 가장 기본이 되는 것은 균형 잡힌 식생활입니다. 이를 위해서는 저속노화에 도움이 되는 다양한 영양소의 역할을 올바르게 이해하고 식단에 적절히 포함시키는 노력이 필요합니다.

우리 몸은 여러 영양소를 음식에서 얻지만, 한 가지 식품으로 모든 필요를 충족할 수는 없습니다. 곡류, 채소, 과일, 단백질 식품 등 다양한 식품군을 고루 섭취해야 저속노화에 더 다가갈 수 있습니다.

에너지원이 되는 3가지 영양소

우리 식사에서 가장 큰 비중을 차지하는 영양소는 탄수화물, 단백질, 지방입니다. 이 세 가지는 칼로리를 공급하고 체성분을 이루는 데 꼭 필요합니다. 식단을 구성할 때는 이 영양소들의 비율을 어떻게 맞추느냐가 중요합니다.

탄수화물

탄수화물은 단당류, 올리고당, 다당류로 구분됩니다. 단당류에는 포도당, 과당, 갈락토오스가 있으며, 2~10개의 단당류가 결합하면 올리고당, 수백에서 수십만 개가 연결되면 다당류라 합니다. 자연계에 존재하는 탄수화물의 대부분(90% 이상)은 다당류 형태입니다.

우리가 음식을 섭취하면 복잡한 구조의 다당류도 소화 과정을 거쳐 소장에서 잘게 분해되고, 결국 단당류 형태로 흡수됩니다. 이렇게 흡수된 탄수화물은 체내에서 다시 포도당으로 전환되어 뇌와 근육 등 우리 몸의 주요 기관이 사용하는 에너지원이 됩니다.

탄수화물은 자연계에서 가장 풍부하게 존재하는 열량 영양소입니다. 주로 식물에서 합성되며, 잎·열매·뿌리 등에 포도당, 과당, 전분, 섬유소의 형태로 저장됩니다. 동물의 경우 탄수화물은 주로 글리코겐으로 변환되어 간과 근육에 저장되며, 필요할 때 빠르게 분해되어 에너지로 활용됩니다.

탄수화물 주요 급원 식품

순위	급원 식품	함량(g/100g)	순위	급원 식품	함량(g/100g)
1	백미	75	16	메밀국수	61
2	라면(건면, 분말수프 포함)	69	17	고추장	52
3	국수	60	18	감자	16
4	빵	50	19	바나나	22
5	떡	49	20	콜라	9
6	사과	14	21	과일음료	9
7	현미	74	22	맥주	3
8	과자	66	23	감	14
9	밀가루	77	24	양파	7
10	고구마	34	25	복숭아	13
11	보리	75	26	당면	89
12	찹쌀	82	27	만두	28
13	배추김치	6	28	물엿	83
14	설탕	100	29	포도	15
15	우유	6	30	배	12

탄수화물은 생명 유지에 꼭 필요한 영양소지만 과잉 섭취할 경우 건강을 해치고 노화를 촉진할 수 있습니다. 반대로 탄수화물이 지나치게 부족하면 몸은 에너지원이 부족하다고 판단해 지방을 분해하기 시작합니다. 이 과정에서 '케톤체'라는 물질이 생기는데, 그 농도가 높아져 혈액이 산성화된 상태를 '케토시스 Ketosis'라고 합니다. 성인의 경우 하루 최소 50g 정도의 탄수화물을 섭취해야 이러한 대사 이상을 막을 수 있으며, 100g 이상은 근육 손실을 막는 데 필요합니다.

최근 유행하는 저탄수화물 다이어트는 일시적인 체중 감량에는 도움이 되지만 장기간 지속되면 피로감과 집중력 저하, 근육 감소 등 신체 기능 저하를 일으킬 수 있어 주의가 필요합니다.

보건복지부의 2020 한국인 영양소 섭취기준에 따르면, 모든 연령층에서 하루 에너지의 55~65%를 탄수화물로 충당하는 것이 적절합니다. 특히 양보다 질이 중요하며, 통곡물·채소·콩·과일처럼 식이섬유가 풍부하고 혈당지수가 낮은 복합 탄수화물을 선택하는 것이 저속노화에 도움이 됩니다. 복합 탄수화물은 혈당을 서서히 높여 건강한 혈낭 조절과 대사 균형 유지에 효과적입니다.

탄수화물 섭취와 관련된 핵심 문제는 혈당 조절입니다. 정상적으로는 섭취 후 혈당이 상승했다가 1~2시간 이내에 안정화되지만, 대사 기능이 원활하지 않으면 혈당이 급격히 오르거나 회복이 지연됩니다. 이러한 혈당 조절 이상이 반복되면 고혈당 상태가 지속되고, 결국 인슐린 부족이나 인슐린 저항성으로 인해 당뇨병이 발생할 수 있습니다.

단백질

단백질은 우리 몸 무게의 약 16~20%를 차지하며, 세포와 조직을 이루는 기본 성분입니다. 또 효소, 호르몬, 항체 등으로 작용해 생명 활동을 유지하는 핵심 역할을 합니다.

단백질이 제 기능을 하려면 체내에 충분한 에너지가 필요합니다. 탄수화물이 부족하면 몸은 에너지를 얻기 위해 단백질을 먼저 분해해 사용하게 되는데, 이때 단백질이 에너지원으로 먼저 사용되면서, 조직을 유지하고 재생하는 본래의 역할이 약화됩니다.

단백질은 근육, 뼈, 혈액을 재생하고 유지하는 데 필수적이며, 면역 기능에도 중요한 역할을 합니다. 병원균이나 세균이 침입하면 이를 막기 위해 항체라는 단백질이 만들어지는데, 이를 '면역 반응'이라 합니다. 따라서 단백질이 부족하면 항체 생성이 줄어 면역력이 약해지고 질병에 쉽게 노출될 수 있습니다. 단백질은 육류, 생선, 달걀, 유제품 등에 풍부하며, 균형 잡힌 섭취가 건강한 몸을 유지하는 기본입니다.

단백질 주요 급원 식품

순위	급원 식품	함량(g/100g)	순위	급원 식품	함량(g/100g)
1	백미	9.3	16	새우	28.2
2	돼지고기(살코기)	19.8	17	고등어	21.1
3	닭고기	23.0	18	오징어	18.8
4	쇠고기(살코기)	17.1	19	요구르트(떠 먹는)	5.2
5	달걀	12.4	20	명태	17.5
6	우유	3.1	21	밀가루	10.3
7	두부	9.6	22	떡	3.7
8	멸치	49.7	23	샌드위치/햄버거/피자	9.6
9	빵	9.0	24	가다랑어	29.0
10	햄/소시지/베이컨	20.7	25	간장	7.4
11	배추김치	1.9	26	어묵	11.4
12	라면(건면, 분말수프 포함)	8.6	27	보리	8.7
13	국수	7.3	28	된장	13.7
14	돼지 부산물(간)	26.0	29	현미	6.3
15	대두	36.1	30	소 부산물(간)	29.1

성인의 단백질 섭취기준 산출식
평균 필요량 = 평균 체중 × 0.73g/kg/일
권장 섭취량 = 평균 체중 × 0.73g/kg/일 × 1.25
= 평균 체중 × 0.91g/kg/일

지방

지방은 중요한 저장 에너지로, 세포막의 주요 구성 성분이며 전체 체중의 15~25%를 차지합니다. '지질 lipid'과 '지방 fat'이라는 용어는 종종 혼용되지만, 지질은 중성지방, 인지질, 스테롤, 왁스, 지방산 등 지용성 탄화수소 물질 전체를 의미합니다. 실온에서 고체인 지질을 '지방'이라고 하고, 액체인 지질을 '기름 oil'이라고 부르기 때문에, 엄밀히 말하면 두 용어는 구분해서 사용하는 것이 정확합니다. 자연계에서 지질은 주로 동물의 지방 조직이나 식물의 종자에 많이 분포하며, 대부분 중성지방 형태로 존재합니다.

우리 몸에서 합성되지 않아 반드시 식품을 통해 섭취해야 하는 지방산을 '필수지방산'이라고 합니다. 필수지방산이 부족하면 피부에 불필요한 자극이 누적되어 피부염과 습진이 생길 수 있으며, 면역 기능에도 영향을 미칩니다. 필수지방산은 홍화씨기름, 포도씨기름, 해바라기씨기름, 참기름 등 식물성기름에 풍부하게 포함되어 있습니다.

오메가-3 지방산은 불포화지방산의 한 종류로, 알파-리놀렌산, EPA, DHA 등이 포함됩니다. 이 중 알파-리놀렌산은 식물에서만 합성되는 필수지방산이며, EPA와 DHA는 알파-리놀렌산에서 체내 합성됩니다. 특히 등 푸른 생선에는 오메가-3 계열의 다불포화지방산이 풍부하게 들어 있습니다.

오메가-6 지방산도 불포화지방산의 한 종류로, 리놀레산, 감마-리놀렌산, 아라키돈산 등이 포함됩니다. 이 중 리놀레산은 인체에서 스스로 합성할 수 없는 필수지방산으로, 반드시 식품을 통해 섭취해야 합니다. 섭취한 리놀레산은 체내에서 효소 작용을 거쳐 감마-리놀렌산과 아라키돈산 등으로 전환되며, 이들은 세포막 구성과 염증 조절, 면역 반응 등에 관여합니다. 오메가-6 지방산은 달맞이꽃 종자유, 해바라기씨기름, 들기름, 산머루유 등 식물성기름에 풍부하게 들어 있습니다.

불포화지방산의 적절한 섭취는 노화를 늦추고 관련된 질환의 발생률을 낮출 수 있습니다. 특히, 오메가-3 지방산은 암 예방뿐만 아니라 뇌 조직 발달, 간 지방 축적 억제, 혈관 이완, 염증 반응 억제, 면역 기능 증진 등 다양한 효과가 있습니다. EPA와 DHA는 노화의 주요 원인 중 하나인 산화 스트레스를 줄이고, 항염증 효소와 신호 전달, 유전자 발현 등에 관여해 신경계의 노화를 지연시킬 수 있습니다.

지방은 우리 몸에 필요한 영양소이지만, 과도하게 섭취하면 비만의 위험이 증가하고, 각종 염증을 유발할 수 있으므로 적정량을 섭취하는 것이 중요합니다.

지방 주요 급원 식품

순위	급원 식품	함량(g/100g)	순위	급원 식품	함량(g/100g)
1	돼지고기 삼겹살	28.4	16	마가린	80.0
2	쇠고기 등심	23.0	17	라면	17.0
3	닭고기(껍질 포함)	18.2	18	감자칩	35.0
4	우유	3.4	19	초콜릿	30.0
5	치즈	20.0	20	아이스크림	10.0
6	달걀	10.0	21	햄버거	14.0
7	고등어	13.9	22	피자	10.0
8	연어	13.4	23	소시지	25.0
9	참치(생선)	8.0	24	베이컨	42.0
10	두부	5.0	25	크로와상	22.0
11	땅콩	49.2	26	도넛	25.0
12	호두	65.2	27	팝콘(버터 맛)	28.0
13	아몬드	49.4	28	카스텔라	15.0
14	올리브오일	100.0	29	생크림	30.0
15	버터	81.0	30	마요네즈	75.0

미네랄

미네랄은 에너지원은 아니지만, 몸을 구성하거나 생리 작용을 조절하는 중요한 영양소입니다. 특히, 우리 몸은 미네랄을 스스로 합성할 수 없기 때문에 건강을 유지하려면 적정량의 미네랄을 양질로 섭취해야 합니다.

미네랄은 다량 미네랄과 미량 미네랄로 구분할 수 있습니다. 다량 미네랄은 전체 체중의 0.05% 이상을 차지하거나 하루 필요량이 100mg 이상인 미네랄을 가리킵니다. 칼슘, 인, 나트륨, 염소, 칼륨, 마그네슘 등이 여기에 해당됩니다.

미량 미네랄은 체내 존재량이 1% 미만이며, 하루 필요량은 100mg 미만입니다. 비록 필요량은 적지만 정상적인 생리 기능을 위해 필수적입니다. 미량 미네랄에는 철, 아연, 구리, 요오드, 셀레늄, 불소 등이 있습니다.

칼슘

칼슘은 우리 몸에 가장 많이 존재하는 대표적인 다량 미네랄로, 성인 체중의 약 1~2%를 차지합니다. 주로 식품을 통해 섭취할 수 있으며, 다양한 대사 과정에 필수적인 역할을 합니다.

칼슘은 흔히 뼈 건강에 중요한 미네랄로 잘 알려져 있지만 근육 수축, 혈액 응고에도 매우 중요한 역할을 합니다. 예를 들어, 근육 운동 중에는 세포 내 칼슘 저장소에서 칼슘 이온이 방출되어 미오신과 액틴이 결합하고, 이를 통해 근 수축 운동이 발생합니다. 이후 칼슘 이온이 저장소로 돌아가면 근육이 이완됩니다.

칼슘 대사는 비타민 C, 비타민 D, 인과 밀접한 관계가 있습니다. 이러한 영양소들이 함께 작용해 칼슘의 주요 기능인 뼈 형성 및 유지에 영향을 미칩니다. 특히 비타민 D는 칼슘의 흡수율을 결정짓는 핵심 영양소입니다. 콩팥에서 활성형 비타민 D 농도가 높아지면 장에서 칼슘 결합 단백질의 합성을 촉진하는 호르몬이 분비되어 칼슘의 흡수율이 증가합니다. 따라서 비타민 D를 충분히 섭취하면 칼슘 흡수율도 함께 증가합니다.

칼슘과 인의 섭취 비율은 1:1에 가까울수록 칼슘의 흡수율이 최대화됩니다. 그러나 한국인의 식습관은 인의 섭취량이 칼슘보다 높은 경향이 있습니다. 칼슘 섭취를 늘리고 가공식품 섭취를 줄이는 것이 중요합니다. 참고로 수산, 피틴산, 알코올, 흡연, 과도한 식이섬유와 지방 섭취는 칼슘 흡수를 방해할 수 있습니다.

칼슘은 식생활의 영향을 크게 받는 영양소입니다. 한 번에 많은 양을 섭취한다고 해서 모두 흡수되는 것이 아니기 때문에 하루에 필요한 칼슘을 여러 번에 나누어 섭취하는 것이 흡수율을 높이는 데 더 효과적입니다.

체내 칼슘이 부족하면 골연화증과 골다공증의 위험이 높아집니다. 칼슘 부족은 순환기계 질환, 고혈압, 고지혈증, 동맥경화, 대장암 등의 만성질환과도 관련이 있습니다.

하지만 고용량 칼슘 보충제를 지속적으로 섭취하는 것은 권장하지 않습니다. 과도한 칼슘 섭취는 고칼슘혈증, 신장결석 등을 유발할 수 있기 때문입니다. 칼슘 섭취에 가장 좋은 식품은 우유이며, 다양한 유제품을 통해 칼슘을 섭취할 수 있습니다. 녹색 채소, 해조류, 두부에도 칼슘이 풍부하며, 뼈까지 먹을 수 있는 생선에도 다량의 칼슘이 함유되어 있어 매일 섭취하는 것이 좋습니다.

철분

철분은 모든 세포에 존재하는 미네랄입니다. 체내 철의 약 70~80%는 헤모글로빈, 미오글로빈, 철 함유 효소 등에 존재하며, 나머지는 간, 비장, 골수 등에 저장됩니다.

식품 내 철분은 헴철과 비헴철 형태로 존재합니다. 헴철은 헤모글로빈, 미오글로빈,

일부 효소의 구성 성분으로 육류, 생선류, 가금류에서 섭취할 수 있습니다. 비헴철은 곡류, 채소 등 식물성 식품에서 섭취할 수 있으며, 일부는 동물성 식품에도 포함되어 있습니다.

우리가 섭취한 철분은 주로 소장에서 흡수됩니다. 흡수율은 철의 형태, 함께 섭취한 음식의 종류, 체내 저장량과 요구량 등에 따라 달라집니다. 흡수율을 증가시키는 요인은 여러 가지가 있습니다. 예를 들어 성장기, 임신 중, 출혈 후, 고지대에서 신체 훈련을 하는 경우 등 철 요구량이 증가하는 상황에서 철 흡수율도 함께 높아집니다.

철분은 비타민 C와 함께 섭취하면 제2철 Fe^{3+}이 제1철 Fe^{2+}로 환원돼 흡수율이 높아집니다. 완전 채식이나 채소 위주의 식단을 할 경우 동물성 식품 섭취가 부족할 수 있는데, 이때 비타민 C가 풍부한 식품과 함께 섭취하면 철의 생체 이용률을 높이는 데 도움이 됩니다.

철분은 우리 몸에서 산소를 운반하는 중요한 역할을 합니다. 헤모글로빈은 적혈구 내 철분과 결합해 산소를 폐에서 조직으로 운반하며, 미오글로빈은 근육 내에서 산소를 저장하고 운반합니다.

철은 항산화 효소의 구성 성분으로서 세포 손상 방지에 관여하며, DNA 합성에 필요한 환원효소의 보조인자로 작용합니다. 이처럼 철은 성장, 조직 회복, 면역 반응 등 다양한 생리 기능에 관여하는 필수 영양소입니다.

철분이 부족하면 철 결핍성 빈혈이 발생할 수 있습니다. 철 결핍성 빈혈은 피로감, 두통, 무기력, 집중력 저하 등의 증상을 일으키기도 합니다. 또한 면역 기능 저하로 인해 감염성 질환에도 더 취약해질 수 있습니다.

아연

아연은 항산화 작용과 면역 기능을 담당하는 200여 종의 효소 구성 성분으로, 우리 몸에서 매우 중요한 역할을 하는 미량 미네랄입니다. 아연은 생체막의 구조와 기능 유지,

세포막 안정성 확보, 유전자 발현 조절, 면역 기능 조절, 대사 과정의 원활한 진행 등에 필수적입니다. 특히 아연은 DNA와 RNA 합성, 알코올 대사, 단백질 대사에 관여하고, 성장과 발달 과정에도 중요한 역할을 합니다.

식품으로 섭취한 아연은 소장에서 흡수되며, 다른 미네랄과 마찬가지로 섭취량과 식사의 구성에 따라 흡수율이 달라집니다. 예를 들어 아연의 체내 요구량이 증가하거나 동물성 단백질을 많이 섭취하면 흡수율이 높아집니다. 그러나 피틴산이나 과도한 식이섬유를 섭취하면 아연의 흡수율이 감소할 수 있습니다.

아연은 주로 단백질이 풍부한 식품에 많이 포함되어 있으며 쇠고기, 견과류, 콩류, 전곡류, 조개류, 특히 굴에 많은 양이 들어 있습니다. 아연이 부족하면 피부 질환, 면역 기능 저하, 호르몬의 불균형 등이 발생합니다.

셀레늄

셀레늄은 강력한 항암 및 항산화 작용을 하는 미네랄입니다. 셀레늄이 글루타치온 과산화효소의 구성 성분이기 때문입니다. 식품을 통해 섭취한 셀레늄은 대부분 소장에서 흡수되며, 생체 이용률이 철이나 아연 등 다른 미네랄보다 높은 특징이 있습니다.

셀레늄은 주로 항산화·면역·갑상선·생식 기능에 중요한 역할을 합니다. 특히 체내에서 발생하는 과산화물과 같은 반응성 부산물을 제거해 세포를 산화로 인한 손상으로부터 보호합니다. 이와 함께 면역 기능을 정상화시키고, 노화로부터 신체를 지키는 데 중요한 역할을 합니다.

셀레늄은 종실류, 견과류, 곡류에 함유되어 있는데, 곡류의 경우 재배된 토양에 따라 셀레늄 함량이 달라질 수 있습니다. 동물의 간, 우유, 참치, 오징어, 고등어, 꽁치, 연어 등의 해산물에도 셀레늄이 풍부하게 포함되어 있습니다. 그밖에 호박, 시금치, 브로콜리 등의 채소에도 많은 양의 셀레늄이 들어 있습니다.

비타민

비타민은 생명 현상을 유지하는 데 필수적인 물질로, 필요량은 적지만 건강을 지키기 위해 반드시 섭취해야 하는 영양소입니다.

비타민은 크게 지용성 비타민과 수용성 비타민으로 나눕니다. 비타민 A·D·E·K는 지용성 비타민으로 기름에 녹는 성질이 있습니다. 이들 비타민의 소화·흡수·대사 과정은 지방과 비슷하게 진행됩니다. 지용성 비타민은 체내에 저장되므로 과다 섭취할 경우 장기적으로 과잉 증상이 나타날 수 있습니다.

비타민 C와 비타민 B군은 수용성 비타민으로, 물에 잘 녹으며 쉽게 흡수됩니다. 그러나 식품의 보관 상태나 조리 방법에 따라 쉽게 파괴되거나 체내 이용률이 달라질 수 있습니다. 과잉 섭취할 경우 대부분 소변을 통해 배설되므로 일반적으로 체내에 쌓이지 않습니다.

비타민 D

비타민 D는 지용성 비타민입니다. 강화우유나 보충제를 통해 섭취할 수 있지만, 규칙적으로 피부를 햇빛에 노출하면 체내에서 자연스럽게 합성됩니다. 특히 피부에서의 합성 능력이 낮아지는 노인의 경우, 음식을 통해 비타민 D를 충분히 섭취하는 데 신경 써야 합니다. 비타민 D는 곡류, 고기, 생선, 달걀, 콩류, 채소류, 우유 및 유제품 등에 많이 들어 있습니다. 그중에서도 간, 달걀노른자, 고등어, 청어, 참치, 연어, 버섯 등은 비타민 D의 훌륭한 급원 식품입니다.

비타민 D가 부족하면 칼슘 흡수가 감소해 골격을 형성하는 데 필요한 충분한 칼슘을 공급할 수 없게 됩니다. 따라서 성장기 어린이에게는 충분한 비타민 D 섭취가 특히 중요합니다. 성인의 경우에도 비타민 D가 결핍되면 골연화증이 발생해 골절 위험이 증가합니다.

햇빛을 통한 비타민 D 합성은 독성을 일으키지 않지만, 보충제를 통한 과다 섭취는 과잉증을 불러올 수 있습니다. 비타민 D를 권장량보다 5배 이상 장기적으로 과잉 섭취하면 탈모, 체중 감소, 설사, 메스꺼움, 식욕 부진, 성장 지연 등 다양한 부작용이 나타날 수 있으므로 주의가 필요합니다.

비타민 D의 주요 급원 식품 및 함량

식품군	식품명	100g당 함량(ug)
곡류	시리얼(콘플레이크)	3.8
고기, 생선, 달걀, 콩류	연어(생것)	32
	꽁치(생것)	19
	장어(생것)	18
	고등어(생것)	11
	삼치(생것)	7
	달걀	1.8
	메추리알(생것)	2.5
	돼지 간(날것)	1.0
	표고버섯(생것)	2.1
채소류	양송이버섯(생것)	1.9
우유, 유제품류	전지분유	7.8
	강화우유	1.0
유지, 당류	마가린	30

비타민 E

비타민 E는 지용성 비타민으로, 총 8개의 천연화합물로 이루어져 있습니다. 이 중에서 가장 큰 활성을 지닌 형태는 알파-토코페롤입니다.

　비타민 E는 다른 지용성 비타민들과 비슷한 경로를 통해 흡수됩니다. 흡수 과정에서

비타민 E 주요 급원 식품

순위	급원 식품	함량(g/100g)	순위	급원 식품	함량(g/100g)
1	고춧가루	27.6	16	시리얼	6.1
2	배추김치	0.8	17	복숭아	0.5
3	콩기름	9.6	18	유채씨기름	10.3
4	달걀	1.3	19	새우	2.3
5	과자	4.1	20	현미	0.8
6	마요네즈	10.2	21	김	5.4
7	돼지고기(살코기)	0.4	22	아몬드	8.1
8	고추장	2.6	23	닭고기	0.2
9	과일음료	0.6	24	초콜릿	3.1
10	백미	0.1	25	당근	0.7
11	두부	0.7	26	쇠고기(살코기)	0.2
12	빵	0.7	27	넙치(광어)	2.2
13	참기름	5.8	28	쌈장	1.9
14	시금치	1.4	29	콩나물	0.4
15	대두	2.6	30	상추	0.5

지방과 담즙이 필요하며, 보통 섭취한 비타민 E의 30~50%가 흡수됩니다. 때에 따라 최대 80%까지 흡수될 수 있지만, 권장량보다 과다하게 섭취하면 흡수율이 10% 정도로 감소할 수 있습니다.

비타민 E는 강력한 항산화제로, 세포막에 존재하는 불포화지방산이 산화되는 것을 방지합니다. 불포화지방산은 산화하기 쉬운데, 알파-토코페롤이 산화 과정을 차단하고, 산화를 유도하는 유리기 Free Radical을 제거함으로써 세포막을 보호합니다. 특히, 적혈구 세포막에 있는 불포화지방산이 유리기와 결합할 경우 세포막이 손상되어 적혈구가 파괴될 수 있는데, 이때 비타민 E가 유리기를 제거해 적혈구를 보호하는 데 중요한 역할을 합니다.

보충제를 통해 비타민 E를 섭취하면 과잉 섭취의 위험이 커집니다. 따라서 보충제보다는 비타민 E가 풍부한 식물성기름, 아몬드와 같은 견과류, 아보카도와 같은 채소류 등을 섭취하는 것이 좋습니다.

비타민 C

비타민 C는 대표적인 수용성 비타민입니다. 대부분의 동물은 포도당을 이용해 비타민 C를 스스로 합성할 수 있지만, 인간은 이 과정을 담당하는 효소가 없어 체내에서 자연적으로 합성할 수 없습니다. 따라서 비타민 C는 반드시 식품을 통해 섭취해야 합니다. 비타민 C는 감귤류, 풋고추, 딸기, 감자, 녹색 잎채소류 등 신선한 과일과 채소에 풍부하게 포함되어 있습니다.

비타민 C의 체내 흡수율은 섭취량에 따라 달라집니다. 섭취량이 적을 경우 흡수율은 높아지지만, 과도하게 섭취하면 흡수율이 낮아집니다. 과량 섭취된 비타민 C는 수산 형태로 소변으로 배설됩니다.

비타민 C는 세포와 세포 관련 물질의 정상적인 대사를 유지하는 데 필수적입니다. 특히 항산화 작용을 통해 노화 방지에 중요한 역할을 합니다. 비타민 C는 자체적으로 쉽게 산화하기 때문에 다른 물질이 산화하기 전에 스스로 산화되어 이들의 산화를 막는 항산화제 역할을 합니다. 실제로 비타민 C는 식품 가공 시 산패를 차단하는 데 사용되며, 체내에서는 세포막에 있는 불포화지방산, 비타민 A, 비타민 E의 산화를 방지합니다.

비타민 C 주요 급원 식품

순위	급원 식품	함량(g/100g)	순위	급원 식품	함량(g/100g)
1	가당음료(오렌지주스)	44.1	16	오이	11.3
2	귤	29.1	17	양파	5.9
3	딸기	67.1	18	키위	86.5
4	시금치	50.4	19	파프리카	91.8
5	시리얼	190.0	20	유산균음료	24.4
6	오렌지	43.0	21	돼지 부산물(간)	23.6
7	햄/소시지/베이컨	28.1	22	과일음료	3.4
8	배추김치	3.2	23	김	78.1
9	토마토	14.2	24	감자	4.5
10	고구마	14.5	25	바나나	5.9
11	무	7.3	26	파인애플	45.4
12	감	14.0	27	사과	1.4
13	양배추	19.6	28	우유	0.8
14	풋고추	44.0	29	구아바	220.0
15	배추	24.4	30	돼지고기(살코기)	1.1

비타민 C는 콜라겐 합성에도 중요한 역할을 합니다. 비타민 C는 피부, 연골, 세포간질, 모세혈관, 근육 등을 구성하는 콜라겐이 손상되지 않도록 수산화 효소를 활성화해 콜라겐의 합성을 도와줍니다.

비타민 C는 면역력 강화에도 필수적입니다. 외부 물질에 의해 감염되었을 때 면역 세포의 분화와 생성을 촉진해 면역 기능을 강화합니다.

식품을 통해 비타민 C를 섭취하는 경우 과량 섭취해도 몸에 해롭지 않지만, 보충제를 과다 섭취하면 설사나 신장결석 등의 부작용이 발생할 수 있으므로 주의가 필요합니다.

비타민 C는 물에 잘 녹고 쉽게 산화하는 성질이 있어서 식품을 조리하거나 취급할 때 주의가 필요합니다. 구리나 철로 된 조리기구를 피하고, 물에 너무 오래 담가둔다거나 하지 않는 것이 좋습니다. 채소는 구입 후 오래 두지 말고 되도록 빠른 시간 내에 섭취하는 것이 비타민 C의 손실을 방지하는 데 도움이 됩니다.

피토케미컬

피토케미컬은 식물을 의미하는 '피토 phyto'와 화학을 의미하는 '케미컬 chemical'의 합성어로, 건강에 도움을 주는 생리활성을 가진 식물성 화학물질을 가리킵니다. 주요 피토케미컬에는 카로티노이드, 플라보노이드, 폴리페놀 이소플라본, 리그난 등이 있습니다. 이들 화합물은 우리 몸에서 자연적으로 생성되지 않기 때문에 반드시 식품을 통해 섭취해야 합니다. 주로 채소와 과일에 풍부하게 함유되어 있으며, 항산화 비타민과 함께 항산화 작용에 중요한 역할을 합니다.

최근 다양한 피토케미컬의 건강 효능이 입증되면서 특히 노화 방지에 관한 관심이 증가하고 있습니다. 블루베리, 브로콜리, 고구마, 녹차, 적포도 등은 피토케미컬이 풍부한

5가지 색 식품의 항산화 성분과 질병 예방 효과

붉은색 (암, 심장병)	석류, 붉은 자몽, 체리, 수박, 사과, 토마토, 딸기
주황색 (눈, 면역 기능, 성장)	파인애플, 살구, 바나나, 당근, 호박, 고구마, 레몬, 오렌지
노란색, 흰색 (순환계 질환, 뼈 건강, 암, 심장병)	양파, 마늘, 버섯, 배, 콜리플라워, 콩
초록색 (눈, 간 폐, 혈관)	브로콜리, 케일, 상추, 키위, 아보카도, 멜론
보라색 (뇌, 심장, 뼈, 동맥, 인지 기능, 암, 노화)	파인애플, 살구, 바나나, 당근, 호박, 고구마, 레몬, 오렌지

대표적인 식품입니다. 이들 식품은 강력한 항산화 작용과 항염 효과를 통해 세포 손상을 줄이고 노화를 늦추는 데 도움이 됩니다.

폴리페놀

폴리페놀은 식물에서 발견되는 천연화합물로, 건강에 유익한 다양한 생리활성 효능이 있습니다. 폴리페놀은 혈중 콜레스테롤 수치를 낮추고, 심혈관 질환과 여러 종류의 암 위험을 감소시키는 것으로 알려져 있습니다.

폴리페놀은 자두, 딸기, 적포도, 적포도주, 키위, 건포도, 토마토 등의 과일뿐만 아니라, 현미와 같은 전곡류에도 풍부하게 들어 있습니다.

플라보노이드

플라보노이드는 빨강, 노랑, 파랑, 보라 등 다양한 색을 나타내는 천연색소 물질로 항산화, 항암, 항염, 항당뇨, 혈압 강하, 혈중 지질 강하, 장 기능 개선 등 여러 가지 효능이 있습니다.

적포도주에는 레스베라트롤, 딸기와 블루베리·가지에는 안토시아닌, 사과와 양파에는 퀘르세틴, 감귤류에는 헤스페리딘, 녹차에는 카테킨 등이 포함되어 있습니다.

카로티노이드

카로티노이드는 주황, 노랑, 녹황, 빨강 등의 색을 나타내는 식물 색소로 알파카로틴, 베타카로틴, 루테인, 리코펜, 지아잔틴, 크립토크산틴, 칸타잔틴, 제아크산틴 등이 이에 해당합니다. 카로티노이드는 혈관 건강을 돕고 피부 노화를 늦추며 항산화와 항염 작용을 하는 대표적인 색소 성분입니다. 베타카로틴이 풍부한 당근, 리코펜이 많은 토마토, 루테인이 풍부한 시금치, 아스타잔틴이 함유된 연어 등이 대표적인 식품입니다.

이소플라본

이소플라본은 콩과 콩으로 만든 식품에 다량 함유된 식물성 생리활성 물질입니다. 이소플라본은 여성호르몬인 에스트로겐과 구조가 비슷해 체내에서 에스트로겐의 역할을 하거나 조절할 수 있습니다. 이러한 물질을 피토에스트로겐 phytoestrogen이라고 부릅니다.

    이소플라본은 혈중 콜레스테롤 농도를 낮추고, 혈관의 탄력성을 증대시키며, 저밀도 지단백 LDL의 산화를 억제해 동맥경화 및 심뇌혈관질환의 위험을 감소시킵니다. 또한, 유방암과 골다공증 호르몬 관련 질환을 예방하는 효과가 있습니다.

플라보노이드의 체내 기능과 주요 급원

플라보노이드	체내 기능	주요 급원
레스베라트롤	에스트로겐과 유사 구조 암·심장병·뇌졸중 예방, 혈전 억제	적포도, 적포도주스, 적포도즙
안토시아닌	노화 동물 모델에서 단기 기억력 개선, 요로 감염 저하	딸기, 키위, 자두, 블루베리, 크랜베리
퀘르세틴	알레르기 및 염증 완화, 뇌 기능 보호, 기관지 건강 유지, 발암 물질 차단	사과, 배, 체리, 포도, 양파, 케일, 아욱, 브로콜리, 잎상추, 마늘, 녹차, 적포도주
헤르페리딘	심혈관 건강 유지, 혈관 강화	오렌지주스, 귤, 레몬, 자몽, 자몽주스, 라임
카테킨	항산화, 항암	녹차, 포도

카로티노이드의 체내 기능과 주요 급원

카로티노이드	체내 기능	주요 급원
베타카로틴	노화 지연, 항암, 당뇨병 합병증 예방, 폐기능 증진	당근, 늙은 호박, 고구마, 망고, 파파야, 키위, 살구, 브로콜리
루테인	시각 기능 강화, 백내장 및 황반 퇴화 예방, 시각 퇴화 지연, 암 위험도 감소	케일, 시금치, 브로콜리, 아욱, 양배추, 양상추, 배추
리코펜	전립선암·심장병 예방	붉은색 과일과 채소, 토마토, 고추, 자몽, 수박
지아잔틴	황반 퇴화 지연, 항암	옥수수, 시금치, 늙은 호박, 달걀노른자

수분

물은 탄수화물, 단백질, 지방, 미네랄, 비타민에 이어 6대 영양소로 꼽힐 정도이며, 생명 유지에 필수적인 요소입니다.

우리 몸의 50~60%는 수분으로 이루어져 있습니다. 몸속에 이미 많은 물이 있으므로 조금 덜 마셔도 큰 영향을 미치지 않으리라 생각할 수 있지만, 실제로 체내 수분이 1%만 부족해도 부정적인 현상이 발생할 수 있습니다. 1~2%의 수분이 부족한 상태를 만성 탈수라고 하며, 만성 탈수는 변비, 비만, 피로, 노화의 주요 원인이 될 수 있습니다.

이처럼 충분한 수분 섭취는 저속노화와 깊은 관련이 있습니다. 우리가 노화를 쉽게 눈으로 확인할 수 있는 기관은 바로 피부입니다. 피부 노화는 수분 손실로부터 시작됩니다. 값비싼 화장품을 사용하더라도 체내 수분이 충분하지 않으면 세포 노화와 피부 건조는 막기 어렵습니다. 꾸준한 수분 섭취는 피부 세포를 건강하게 유지하는 한편, 탄력 있고 촉촉한 피부를 만드는 핵심 전략입니다.

물은 산소, 이산화탄소, 영양소 등 우리 몸에 필요한 다양한 물질을 운반하고 용해하는 중요한 역할을 합니다. 또한 혈액순환과 배설물 처리를 돕는 필수적인 요소이며, 근육 운동을 할 때도 중요한 역할을 합니다.

다른 영양소는 결핍 상태가 몇 주 또는 몇 달에 걸쳐 나타나지만, 물은 단 몇 일만 마시지 않아도 신체에 즉각적인 영향을 미칩니다. 하지만 우리 몸은 물을 저장할 수 없기 때문에 지속적으로 물을 마셔서 보충해야 하며, 하루에 필요한 적절한 수분을 꾸준히 마시는 습관을 기르는 것이 중요합니다.

그러나 모든 음료가 몸에 유익한 수분을 제공하는 것은 아닙니다. 커피, 녹차, 맥주, 탄산음료 등은 기본적으로 물을 포함하고 있지만, 그 안에 들어 있는 다량의 카페인, 설탕, 나트륨 등은 오히려 체내 수분을 배출합니다.

수분의 필요량은 나이, 체온, 임신 및 수유 여부에 따라 달라지므로 각자에게 알맞은 수분 섭취량을 설정하는 것이 중요합니다. 일반적으로 수분 섭취 권장량은 세계보건기구에서 제시한 하루 물 섭취 권장량인 200mL 물 8잔(총 1.6L) 정도입니다. 또한, 500mL 이상의 물을 한 번에 마시는 것은 오히려 혈액 속 나트륨 농도를 낮출 수 있습니다. 차갑지 않은 물을 식사 사이 20~30분 간격으로 조금씩 나누어 마시는 것이 가장 좋습니다.

저속노화 식단의 5가지 가이드

1 똑똑하게 저속노화, 칼로리 영양소 챙겨 먹기

탄수화물 • 통곡물로 혈당과 장 건강을 동시에!

탄수화물은 뇌와 근육의 주요 에너지원입니다. 하루 탄수화물 섭취는 최소 100g 이상이 권장되며, 이는 근육 조직 손실을 방지하고 기본적인 생리 기능을 유지하는 데 필요합니다. 하지만 정제된 탄수화물(흰쌀, 흰 밀가루, 설탕 등)은 혈당을 빠르게 상승시켜 대사 조절에 부담을 줄 수 있습니다. 반대로 식이섬유가 풍부한 통곡물이나 잡곡은 혈당을 천천히 올려 혈당 조절에 도움을 주며, 장내 유익균의 먹이가 되어 장 건강 유지에도 효과적입니다.

단백질 • 하루 두 번 식물성 단백질, 한 번 동물성 단백질로 탄탄한 근육 유지

단백질은 근육과 뼈·혈액·효소·호르몬 등 우리 몸의 주요 구성 성분으로, 손상된 조직의 회복과 면역 기능 유지에 필수적입니다. 에너지가 부족한 상태에서는 단백질이 에너지원으로 먼저 사용되어 근육 손실이 발생할 수 있습니다. 따라서 단백질 섭취가 충분하더라도, 탄수화물과 지방의 균형 있는 섭취가 함께 이루어져야 합니다.

단백질은 동물성과 식물성 식품 모두에서 얻을 수 있습니다.

• 동물성 단백질 : 흡수율이 높고 필수아미노산이 풍부하며, 주로 육류·생선·달걀·유제품에 들어 있습니다.

• 식물성 단백질 : 콩·두부·견과류·통곡물에 풍부하며, 포화지방이 적고 식이섬유가 많아 대사 건강에 도움을 줍니다.

지방 • 오메가-3로 건강한 혈관과 뇌 기능 지키기

지방은 흔히 기피해야 할 영양소로 오해받지만 실제로는 우리 몸에 꼭 필요한 에너지 공급원이며, 세포막 구성, 호르몬 생성, 뇌 기능 유지에 중요한 역할을 합니다. 특히 오메가-3 지방산은 염증을 완화하고, 혈관을 튼튼하게 하며, 신경계의 노화를 지연시키는 데 효과적인 것으로 잘 알려져 있습니다. 대표적인 오메가-3 성분에는 알파-리놀렌산(식물성)과 EPA·DHA(주로 생선에 풍부)가 있으며, 이들은 모두 불포화지방산에 해당합니다.

저속노화를 위한 지방 섭취의 핵심은, 단순히 지방의 양이 아니라 오메가-3와 오메가-6의 균형입니다. 현대인의 식단은 가공식품과 식물성기름에 많이 들어 있는 오메가-6 위주로 치우쳐 있는 경우가 많아 오메가-3 섭취를 의식적으로 늘리는 것이 필요합니다.

• 오메가-3를 챙기는 방법

– 요리할 때 들기름이나 아마씨유처럼 오메가-3가 풍부한 기름을 사용해보세요.

– 등 푸른 생선(고등어, 연어, 청어 등)은 일주일에 2~3번 꾸준히 섭취하는 것이 이상적입니다.

2 저속노화에 꼭 필요한 미네랄 챙겨 먹기

철분 • 고기와 채소를 함께 섭취하면 흡수율 UP!

철분은 항산화 작용과 DNA 합성에 필요한 필수 미네랄입니다. 하지만 식품에 들어 있는 철분은 흡수율이 낮기 때문에 비타민 C가 풍부한 식품과 함께 섭취하면 흡수율을 높일 수 있습니다. 채식 위주의 식사를 한다면 철분이 많은 시금치·두부·렌틸콩 등에 풋고추·브로콜리·귤 같은 비타민 C 식품을 함께 섭취하는 것이 좋습니다.

칼슘과 인 • 우유는 하루 한 잔, 가공식품은 줄이기

칼슘과 인의 이상적인 섭취 비율은 1:1입니다. 하지만 가공식품에는 인이 과다하게 함유되어 있어 칼슘의 흡수를 방해할 수 있습니다. 칼슘이 풍부한 우유나 유제품을 식사와 함께 섭취하면 흡수율이 높아집니다. 가공식품을 줄이고 자연식품 위주의 식단을 유지하는 것이 좋습니다.

아연과 셀레늄 • 하루 10알의 견과류로 면역력을 끌어올리기

아연은 성장과 면역 기능, 항산화 작용에 필요한 여러 효소가 제대로 작용하도록 돕는 미네랄입니다. 셀레늄은 항산화 효소인 글루타치온 과산화효소의 주요 성분으로, 세포 손상을 억제하는 데 중요한 역할을 합니다. 호두·아몬드·브라질너트 등 견과류를 하루 약 10알 정도 섭취하면 면역력 유지와 노화 지연에 도움이 됩니다. 견과류는 산화를 막기 위해 밀폐용기에 보관하는 것이 좋습니다.

3 바르는 것보다 먹는 것이 중요한 저속노화 비타민

비타민 D • 하루 한 알의 달걀과 1시간 햇빛 샤워로 피부 재생 주기 유지

비타민 D는 골격 형성, 칼슘의 항상성 유지, 세포 분화 조절 등 여러 생리 기능에 관여합니다. 햇빛에 노출되면 피부에서 합성되지만, 나이가 들수록 합성 능력이 떨어지므로 중장년 이후에는 식품을 통해 섭취를 늘릴 필요가 있습니다.

비타민 D를 장기간 과다 섭취하면 탈모·체중 감소·설사·메스꺼움·식욕 부진·성장 지연 등의 부작용이 나타날 수 있습니다. 비타민 D는 간, 달걀노른자, 고등어·청어·참치·연어 등 기름이 많은 생선에 풍부하며, 강화우유와 버섯도 좋은 공급원입니다.

비타민 E • 천연 비타민 E로 손상된 세포 회복

비타민 E의 주요 형태인 알파-토코페롤은 산화로 인한 세포막 손상을 막는 역할을 합니다. 강력한 항산화 작용을 통해 세포 노화를 늦추고 조직의 손상을 예방합니다. 비타민 E는 아몬드와 같은 견과류, 식물성기름, 아보카도 등에 풍부합니다.

비타민 C • 신선한 샐러드로 콜라겐 생성 촉진

비타민 C는 수용성 항산화 영양소로, 스스로 산화되며 다른 영양소와 조직이 손상되는 것을 막아줍니다. 콜라겐 합성에 관여해 피부와 연골·세포·근육의 탄력을 유지하고 약화를 방지합니다. 면역 기능 회복에도 중요한 역할을 하지만, 체내에서 합성되지 않기 때문에 반드시 식품으로 섭취해야 합니다. 비타민 C는 감귤류를 비롯한 신선한 과일과 채소에 풍부하며, 산화되기 쉬우므로 구입 후 가능한 한 빨리 먹는 것이 좋습니다.

4 항산화의 힘, 피토케미컬

하루 5가지 다른 컬러의 채소로 항산화 효과 극대화

피토케미컬은 식물에 존재하는 천연색소 성분으로, 강력한 항산화 작용을 합니다. 채소와 과일에 특히 풍부하며, 색깔에 따라 다양한 종류의 피토케미컬이 포함됩니다. 노란색, 흰색, 보라색, 초록색, 빨간색, 검은색 등 여러 색의 식품이 이에 해당합니다.

- 노란색 : 피부 건강, 면역 증진
- 흰색 : 해독 작용
- 보라색 : 혈관 건강
- 초록색 : 피로 해소
- 빨간색 : 항암 작용

하루 식단을 구성할 때는 매끼 최소 3가지 이상의 색을 포함하면 좋습니다. 이렇게 하면 다섯 가지 색의 항산화 성분을 자연스럽게 충분히 섭취할 수 있습니다.

색상		성분(식품) / 효능
Red		리코펜(토마토) 항암, 혈관 기능 강화
Yellow		베타카로틴(오렌지) 피부 건강, 면역 증진
White		알라신(마늘) 유해물질 배출, 뼈 건강
Green		루테인(케일) 혈액 건강, 피로 해소
Purple		안토시아닌(포도) 눈 건강, 심혈관계 질환 개선

5. 저속노화의 첫걸음, 충분한 수분 섭취

수분 섭취로 세포의 탄력과 신체 대사 최적화

수분 섭취는 보통 1,000kcal당 1L를 권장합니다. 필요량은 개인의 체중, 활동량, 환경에 따라 달라질 수 있습니다.

- 수분 상태 자가 진단법
  - 소변 색이 맑은 노란색이면 적정
  - 갈증이 느껴진다면 이미 수분 부족

수분이 충분하면 소변은 맑고 연한 노란색을 띠지만, 부족하면 색이 진해집니다. 갈증이 느껴질 때는 한 번에 많은 양을 마시기보다 여러 번 나누어 마시는 것이 효과적입니다. 카페인, 알코올, 설탕이 많은 음료는 오히려 탈수를 일으킬 수 있습니다.

신선한 재료 보관법과 조리법

채소

잎채소(양상추, 시금치, 케일 등)

보관법 : 물에 씻은 후 물기를 제거하고 종이타월로 감싸 밀폐용기에 보관하세요. 냉장 보관하면 3~5일간 신선함을 유지할 수 있습니다.

조리법 : 높은 온도에서 장시간 가열하면 비타민 C와 엽산이 손실되므로 살짝 데치거나 찜을 하는 게 좋아요. 조리 후 차가운 물에 담가 비타민 손실을 최소화하고 색감을 유지합니다.

뿌리채소(당근, 무, 감자 등)

보관법 : 흙을 털어내고 습기가 없는 상태로 신문지에 싸서 서늘하고 어두운 곳(냉장고 야채칸)에 보관합니다.

조리법 : 껍질째 조리하면 비타민과 미네랄 손실을 최소화할 수 있습니다. 당근은 살짝 익혀서 베타카로틴의 흡수율을 높여주세요.

열매채소(토마토, 오이, 가지 등)

보관법 : 토마토는 실온에서 보관하되, 완전히 익은 후 냉장 보관하세요. 오이와 가지는 비닐봉지에 넣어 냉장 보관합니다.

조리법 : 토마토는 가열하면 리코펜 흡수율이 증가하니 익혀서 먹는 것도 좋습니다. 가지는 기름을 많이 흡수하는 편이니 조리할 때 기름을 너무 많이 넣지 않도록 하세요. 찜으로 조리해도 좋아요.

과일

열대과일(바나나, 망고, 파인애플 등)

보관법 : 실온에서 보관하며, 숙성 후 냉장 보관하거나 껍질을 벗기고 지퍼백에 넣어 냉동 보관합니다.

조리법 : 파인애플은 구워 먹으면 달콤한 맛을 살릴 수 있습니다.

베리류(딸기, 블루베리 등)

보관법 : 씻지 않은 상태로 밀폐용기에 보관하고, 먹기 직전에 씻어야 영양 손실을 줄일 수 있어요. 냉장 보관하면 2~3일 신선함이 유지됩니다.

조리법 : 열을 가하면 항산화 성분이 손실되므로 생으로 섭취하거나 요거트, 샐러드에 곁들이는 것이 좋습니다.

사과, 배

보관법 : 종이봉투에 넣어 냉장 보관하면 신선함을 더 오래 유지할 수 있습니다.

조리법 : 사과와 배는 설탕 없이 찌거나 구워 자연스러운 단맛을 살리세요. 조리 전 레몬즙을 뿌리면 산화 방지에 효과적입니다.

시트러스류(오렌지, 자몽, 레몬 등)

보관법 : 껍질이 마르지 않도록 신문지에 싸서 냉장 보관하면 수분 증발을 줄이고 신선함을 유지할 수 있습니다.

조리법 : 껍질을 벗겨 생으로 섭취하거나 샐러드에 넣어 활용하면 좋습니다. 드레싱에 즙을 섞으면 비타민 C 보충은 물론, 신맛이 식욕을 돋우고 기름진 음식의 느끼함을 줄이는 데 효과적입니다.

단백질 식품

생선, 해산물

보관법 : 구입 후 최대한 빨리 씻어서 밀봉해 냉장(1~2일 이내 소비) 또는 냉동(최대 3개월) 보관하세요. 진공 포장하면 냄새와 수분 손실을 막을 수 있습니다.

조리법 : 오메가-3 지방산은 고온에서 쉽게 파괴되므로 중불 이하에서 조리하세요. 너무 익히면 단백질과 비타민 D가 손실될 수 있으니 주의하세요.

육류

보관법 : 진공 포장을 하거나 밀폐용기에 보관합니다. 냉장 보관할 경우 2~3일 이내 사용하는 것이 좋습니다. 냉동 보관하면 최대 6개월간 유지할 수 있습니다.

조리법 : 고온에서 장시간 조리하면 풍미가 떨어지고 몸에도 좋지 않습니다. 굽는 요리라면 센불에서 재빨리 익히는 것이 좋습니다. 특히 지방을 태우면 발암 물질이 생성될 수 있으므로 굽기보다는 찌거나 삶는 방법이 더 좋습니다. 지방이 많은 부위는 기름을 제거한 뒤 조리하세요.

두부, 낫토

보관법 : 두부는 물을 따라버리지 말고 밀폐용기에 물과 함께 담아 냉장 보관합니다. 낫토는 냉동 보관이 좋습니다.

조리법 : 두부는 조리 후반에 추가해 질감이 단단해지지 않도록 하세요. 낫토는 익히지 않고 신선한 상태로 먹도록 합니다.

오일 및 조미료

오일(올리브오일, 들기름 등)

보관법 : 빛과 열을 피할 수 있는 서늘한 곳에 보관합니다. 들기름은 개봉 후 냉장 보관하세요.

조리법 : 불포화지방산이 풍부한 기름은 열에 약해 산화하기 쉬우므로 조리 후 넣거나 낮은 온도에서 사용하는 것이 좋습니다. 엑스트라버진 올리브오일은 생으로 섭취할 때 영양과 풍미가 가장 잘 유지됩니다.

발효식품(된장, 간장, 고추장 등)

보관법 : 사용 후 뚜껑을 꼭 닫아 냉장 보관하면 발효가 과도하게 진행되는 것을 막을 수 있습니다.

조리법 : 된장이나 간장은 지나치게 가열하면 유익한 효소와 영양소가 파괴되므로 조리 후반에 추가하는 것이 좋습니다.

허브 및 향신료

생 허브

보관법 : 줄기를 물에 담아 냉장 보관하세요.

조리법 : 고온에서 오래 가열하면 향과 항산화 성분이 손실되므로 조리 마지막 단계에 추가하는 것이 좋습니다.

건조 허브

보관법 : 밀폐용기에 담아 서늘한 곳에 보관합니다.

조리법 : 고온에서 구우면 쓴맛이 날 수 있으므로 중간 불 이하에서 조리하는 것이 좋습니다.

저속노화 Q&A

Q 안티에이징과 저속노화는 어떻게 다른가요?

안티에이징과 저속노화는 비슷해 보이지만 본질적으로 다릅니다. 안티에이징은 노화를 차단하거나 늦추는 데 집중해 노화를 가능한 한 억제하려는 접근입니다. 반면, 저속노화는 노화 과정을 자연스럽게 받아들이고 그 속도를 늦춰 더 건강하고 안정적인 방식으로 나이가 들어가는 것을 의미합니다. 즉, 안티에이징은 노화를 부정적으로 보고 이를 막으려는 것인 반면, 저속노화는 노화가 자연스러운 과정임을 인정하고, 더 나은 삶의 질을 유지하며 서서히 노화가 진행되도록 돕는 개념입니다.

Q 저속노화를 위해 가장 중요한 영양소는 무엇일까요?

저속노화를 위해서는 모든 영양소를 균형 있게 섭취하는 것이 중요합니다. 특히 항산화 작용을 하는 영양소를 충분히 섭취하는 것이 좋습니다. 앞서 다룬 것처럼, 각종 비타민과 미네랄을 풍부하게 섭취하면 저속노화에 도움이 될 것입니다.

Q 저속노화 식단을 실천할 때 꼭 갖추어야 할 마음가짐은 무엇일까요?

저속노화 식단을 저칼로리 식단으로 오해하는 경우가 많은데, 저속노화 식단은 적정한 에너지를 건강하게 섭취할 수 있는 식단입니다. 에너지 섭취를 지나치게 제한하면 영양소가 부족해지고, 식단 실천에 대한 의지를 약화시키며, 결과적으로 신체에 부작용을 일으킬 수 있습니다. 저속노화 식단을 실천할 때는 '적정한 에너지를 건강하게 섭취하자'는 마음가짐을 갖는 게 중요합니다.

Q 저속노화 식단을 실천하면서 다이어트를 할 수 있을까요?

저속노화 식단을 실천하는 것 자체가 지속 가능한 건강한 다이어트 식단을 따르는 것과 같은 효과가 있습니다. 저속노화 식단은 빠르게 흡수되어 혈당을 급격히 높일 수 있는 단순당류와 정제 곡물을 피하고, 포만감을 오래 유지할 수 있는 통곡물, 식이섬유가 풍부한 녹색 채소, 견과류 등을 기본으로 섭취하는 방식입니다. 이미 많은 사람들이 다이어트에 이런 식단을 참고하고 있습니다.

Q 저속노화 식단의 실천 방법은 나이와 성별에 따라 다른가요?

저속노화 식단의 가치는 남녀노소 누구에게나 동일합니다. 다만, 각자의 건강 상태에 따라 식단의 세부 레시피는 변형할 필요가 있을 수 있으니 영양사와 상의하는 것이 좋습니다.

Q 저속노화 식단을 실천하는 동안 특별히 피하거나 권장하는 운동이 있나요?

식단 변화 초기에는 무리한 운동보다는 가볍게 걷거나 스트레칭 등 부드러운 움직임이 좋습니다. 식후 20분 정도의 산책이 혈당 관리와 순환에 도움이 됩니다. 식단에 익숙해진 뒤에는 근력 운동, 유산소 운동 등 본인이 즐길 수 있는 운동을 꾸준히 실천하면 더 좋은 효과를 기대할 수 있습니다.

저속노화 Q&A

Q 커피가 건강에 좋다는 기사를 보고 매일 마시고 있습니다. 하루에 어느 정도 마시는 것이 좋을까요?

커피에 관한 연구는 많지만 커피의 부작용이나 효과를 연구한 결과가 서로 다르므로 단일 연구 결과에 의존하지 않도록 주의해야 합니다. 일반적으로 하루 3잔 정도까지는 마셔도 괜찮지만 사람에 따라서는 수면장애가 오는 경우도 있고, 커피의 이뇨 작용으로 인해 탈수가 일어나 피로감을 느끼거나 소화가 안 될 수 있습니다.

Q 술을 전혀 마시지 않는 것이 어려운 상황입니다. 어쩔 수 없이 술을 마셔야 한다면 어떻게 하는 것이 좋을까요?

미국 국립보건원 알코올남용중독연구소에서는 알코올 14g을 표준 1잔으로 정의하고 있습니다. 이는 맥주 한 병, 막걸리 한 사발, 와인 한 잔, 소주 약 두 잔 정도에 해당합니다. 이 표준 1잔 기준에 맞춰 마시면 저위험 음주량을 지킬 수 있습니다. 또한 술을 마실 때는 기름진 안주는 피하고 단백질과 비타민이 풍부한 안주를 선택하는 것이 좋습니다.

Q 저속노화 식단 실천 중 과음하게 되었습니다. 음주 후 어떻게 하면 좋을까요?

술을 많이 마신 후에는 알코올을 분해하는 아세트알데히드의 독성으로 인해 몸이 붓게 됩니다. 이러한 상태는 수분 과다가 아니라 오히려 수분 부족으로 인식해야 합니다. 숙취 해소 보조제를 마신 뒤 수분을 충분히 보충하면 알코올과 아세트알데히드의 분해 속도를 높일 수 있습니다.

Q 단 음료수나 시럽이 들어간 커피를 자주 마십니다. 대체할 방법이 있을까요?

달콤한 음료나 식후 단 커피가 당긴다고 하지만, 우리 몸이 실제로 원하는 것은 수분입니다. 먼저 하루 마신 음료를 기록하며 당 섭취량을 확인해보세요. 그런 다음 향이 좋은 허브차나 무가당 음료로 대체해보는 것도 좋은 방법입니다. 감정적 허기를 구분하고, 기분 전환용 음료는 칼로리 부담 없는 것으로 바꾸는 것이 좋습니다.

Q 소식이 좋다고 들었는데, 너무 적게 먹는 것도 몸에 안 좋지 않나요?

칼로리를 지나치게 제한하면 일상생활에 필요한 에너지조차 부족해져 피로감, 집중력 저하, 면역력 약화 등이 일어날 수 있습니다. 소식은 과식하는 현대인의 식습관을 개선하기 위한 것이지 무조건 적게 먹는 것을 의미하지는 않습니다. '적정한 에너지를 건강하게 섭취'하는 것이 핵심입니다.

Q 매번 요리하기가 번거로워 한꺼번에 많은 양을 조리한 후 냉동해두려고 합니다. 냉동 저장한 음식을 데워 먹을 때 영양소 변화가 있을까요?

냉동 보관은 저속노화 식단 실천을 위한 좋은 전략입니다. 탄수화물, 단백질, 지방 등 에너지원은 냉동 후에도 영양소의 변화가 거의 없으며, 블루베리·시금치의 경우는 항산화 물질 농도가 오히려 높아지기도 합니다. 다만, 냉동 보관은 1개월 이내로 유지하고, 재가열할 때 너무 높은 온도에서 지나치게 익히지 않도록 주의하세요.

저속노화 Q&A

Q **저속노화 식단을 실천할 때 외식은 어떻게 하는 것이 좋을까요?**

현대인의 생활에서 외식을 완전히 피하는 것은 현실적으로 어려운 경우가 많습니다. 따라서 외식을 할 때는 단순당류나 정제 곡물로만 이루어진 메뉴는 피하고 살코기 위주의 육류나 생선이 포함된 메뉴를 선택하는 것이 권장됩니다. 또한, 신선한 채소와 견과류가 포함된 메뉴를 선택해 영양 균형을 맞추는 것도 중요한 포인트입니다.

Q **물 대신 ABC 주스를 마셔도 괜찮을까요?**

우리 몸의 저속노화를 위해서는 수분 섭취가 매우 중요합니다. ABC 주스는 사과, 비트, 당근을 갈아 만든 음료로 베타카로틴과 식이섬유가 매우 풍부해 몸에 좋습니다. 그러나 지나치게 많이 마시면 과도한 당 섭취와 불필요한 칼로리 증가로 이어질 수 있으므로 물 대신 섭취하는 것은 추천하지 않습니다.

Q **저속노화 식단을 실천하기 위해 도시락을 준비하려고 하는데 쉽게 할 수 있는 팁을 알려주세요.**

저속노화 도시락의 기본은 단백질이 포함된 메뉴 한 가지와 항산화 영양소가 풍부한 메뉴 한 가지를 담는 것입니다. 이 책의 다양한 레시피를 참고해 여러 가지 조합을 시도해보세요.

Q 단 음식을 너무 좋아하는데, 단 음식을 먹고 싶을 때 대체할 만한 저속노화식은 무엇일까요?

가짜 배고픔이 느껴질 때 단 음식을 먹고 싶은 생각이 들 수 있습니다. 몸이 당을 필요로 할 때도 있지만, 대부분은 스트레스나 불안 등의 상황에서 단 음식을 원하게 됩니다. 만약 단 음식이 당긴다면 오랫동안 씹을 수 있는 오트밀 쿠키 같은 것을 선택하는 것이 좋습니다. 단맛을 즐기면서 신선함을 느낄 수 있는 과일을 드시면 더 좋습니다.

Q 채소를 생으로 먹는 것이 좋을까요, 아니면 데치거나 삶아서 먹는 것이 더 좋을까요?

채소의 종류에 따라 방법을 달리하는 것이 좋습니다. 예를 들어, 토마토의 리코펜은 지용성 성분으로 열을 가했을 때 흡수율이 높아집니다. 반면, 비타민 C처럼 수용성 비타민이 풍부한 채소는 생으로 먹는 것이 더 좋습니다. 채소는 조리 방식에 따라 영양 흡수가 크게 달라질 수 있다는 점을 기억하세요.

Q 이 책에 나온 메뉴들의 레시피를 변형해서 먹어도 되나요?

어메이징푸드 영양팀에서 제안한 저속노화 메뉴는 과학적 근거와 현장 경험을 바탕으로 구성된 것이지만 개인의 기호나 소화 능력, 식재료 불내증에 따라 얼마든지 변형해도 괜찮습니다. 중요한 것은 원칙을 유지하면서 자신에게 맞는 방식으로 실천하는 것입니다.

2부

똑똑하게 즐기는 저속노화 레시피

노화를 늦추기 위해서는 근육과 뼈를 튼튼히 하고 피부 탄력을 유지하며 혈관과 장 건강을 지키는 것이 중요합니다. 그 해답은 일상적인 식습관에 있습니다.

평소의 식사에서 설탕·나트륨·지방을 줄이고, 항산화 식품을 늘리며, 영양소의 균형을 유지하는 식생활을 실천해보세요. 그것이 저속노화의 기본입니다.

이러한 식습관을 실천할 수 있는 저속노화 레시피를 소개합니다.

건강한 혈관을 위한 저속노화 레시피

혈관은 온몸에 산소와 영양분을 전달하는 중요한 통로로, 나이가 들수록 탄력이 떨어지고 기능이 약해지기 쉬워 꾸준한 관리가 필요합니다.

중장년 이후일수록 불포화지방산과 비타민 C, 항산화 성분이 풍부한 식품을 섭취하는 것이 좋습니다. 이들 영양소는 콜레스테롤과 혈압을 조절하고 혈관의 염증과 산화 스트레스를 줄여줍니다.

고등어, 연어, 병아리콩, 양배추, 셀러리, 마늘, 올리브오일 등을 활용한 심혈관 건강 레시피를 소개합니다.

영양성분(1인분) 칼로리 **220kcal** | 탄수화물 **28g**(당류 **3g**) | 단백질 **8g** | 지방 **7g** | 나트륨 **270mg**

병아리콩 팔라펠

병아리콩에 양파, 마늘 등 향신료를 넣고 반죽해서 튀긴 중동식 튀김 요리를 '팔라펠'이라고 해요. 병아리콩은 단백질과 식이섬유가 풍부하고 혈당지수도 낮아 건강식으로 강추합니다.

재료

팔라펠 반죽
병아리콩 1컵
양파 1/2개
마늘 2쪽
다진 파슬리 1/2컵
병아리콩가루 1큰술
통밀가루 2큰술
커민 1작은술
베이킹파우더 1/2작은술
소금 1작은술

올리브오일 적당량

만들기

1. 병아리콩은 물에 충분히 불리고, 양파와 마늘은 적당히 다진다.
2. 준비한 재료와 나머지 재료를 모두 믹서에 넣고 곱게 갈아 팔라펠 반죽을 만든다.
3. 반죽을 그릇에 옮겨 담아 냉장고에 30분 정도 둔다.
4. 달군 팬에 올리브오일을 두르고 반죽을 한 숟가락씩 올린다. 동그랗게 모양을 잡아 튀기듯이 굽는다.

2

3

4

영양성분(1인분) 칼로리 **210kcal** | 탄수화물 **18g**(당류 **4g**) | 단백질 **8g** | 지방 **8g** | 나트륨 **310mg**

렌틸콩 양배추볶음

렌틸콩과 양배추는 식이섬유가 풍부해 콜레스테롤을 낮추고 혈압을 안정시키는 데 도움을 줍니다. 렌틸콩은 식물성 식품 중에서도 단백질과 미네랄 함량이 매우 높은 것으로 유명해요.

재료

양배추 1/4통
렌틸콩 1컵
간장 1큰술
액젓 1큰술
후춧가루 조금

올리브오일 조금
들기름 조금

만들기

1 양배추는 굵은 심지를 도려내고 채 썬다.
2 렌틸콩은 물에 30분 정도 불린 뒤 15분간 삶는다.
3 간장과 액젓을 1:1 비율로 섞어둔다.
4 팬에 올리브오일과 들기름을 두르고 채 썬 양배추를 볶다가 간장·액젓의 절반을 넣고 잘 저어가며 볶는다.
5 양배추의 숨이 죽으면 삶은 렌틸콩을 넣고 나머지 간장과 액젓, 후춧가루를 넣어 함께 볶는다.

3

4

5

영양성분(1인분) 칼로리 **290kcal** | 탄수화물 **6g**(당류 **4g**) | 단백질 **22g** | 지방 **18g** | 나트륨 **480mg**

지중해식 고등어조림

방울토마토와 올리브를 넉넉히 넣고 각종 허브로 맛을 낸 색다른 고등어조림이에요. 고등어는 오메가-3 지방산이 풍부해 혈중 중성지방을 낮추고 혈액순환을 좋게 합니다.

재료

고등어 1마리
소금·후춧가루 조금

방울토마토 20개
올리브 10개
마늘 1쪽
홍고추 조금
케이퍼 1큰술
안초비 3마리
오레가노 1작은술
파슬리 1줌

올리브오일 적당량
물 1컵

만들기

1 고등어는 어슷하게 토막 낸 후 소금·후춧가루를 뿌린다.
2 방울토마토와 올리브는 반으로 자르고, 마늘은 얇게 저민다. 홍고추는 잘게 썬다.
3 팬에 올리브오일을 넉넉히 두르고 마늘, 홍고추, 케이퍼를 볶다가 안초비, 올리브, 오레가노를 넣고 함께 볶는다.
4 토마토의 단면이 바닥을 향하도록 고르게 펼치고 파슬리를 잘라 듬성듬성 뿌려준다.
5 그 위에 고등어를 올리고 뚜껑을 덮어 4~5분간 익힌다.
6 고등어를 뒤집어 좀 더 익히고 소금으로 간을 맞춘 후 올리브오일을 살짝 둘러 완성한다.

1

3,4

6

영양성분 (1인분) 칼로리 **460kcal** | 탄수화물 **6g**(당류 **3g**) | 단백질 **31g** | 지방 **36g** | 나트륨 **320mg**

연어 빠삐요트

프랑스식 구이인 빠삐요트는 종이에 싸서 굽기 때문에 재료 자체의 수분과 향이 그대로 보존되어 맛이 좋아요. 연어, 새우, 채소를 오븐에 구워 몸에 좋은 멋진 요리가 탄생했어요.

재료

연어 400g
대하 6마리

레몬 2/3개
양파 1/3개
당근 슬라이스 3~4쪽
마늘 5쪽
방울토마토 3개
아스파라거스 3대

올리브오일 3~4큰술
소금·후춧가루 조금씩

종이포일 3장 (60cm 길이)

만들기

1. 새우는 등 쪽의 내장을 제거하고 깨끗이 씻는다. 연어는 종이타월로 기름을 닦은 뒤 크게 토막낸다.

2. 레몬, 양파, 당근은 둥글게 슬라이스하고, 마늘은 저민다. 방울토마토는 반 자른다.

3. 종이포일 2장을 겹쳐 놓고 양파를 밑에 깐 뒤 연어를 올리고 소금·후춧가루로 간한다.

4. 그 위에 레몬, 양파, 당근, 마늘, 새우, 방울토마토, 아스파라거스를 올리고, 올리브오일을 뿌린다.

5. 종이포일을 사탕 모양으로 말아 감싸고 남은 종이포일로 덮개를 만들어 덮은 후 180℃ 오븐에서 25~35분간 굽는다.

2

3,4

5

영양성분(1인분) 칼로리 **280kcal** | 탄수화물 **20g**(당류 **7g**) | 단백질 **13g** | 지방 **18g** | 나트륨 **350mg**

병아리콩 토마토 샥슈카

토마토소스에 채소와 달걀을 넣어 끓인 샥슈카는 지중해와 중동지역에서 즐겨 먹는 스튜입니다. 병아리콩, 마늘, 올리브오일을 더해 혈액순환을 돕고 토마토소스의 항산화 성분이 혈관 염증을 줄여줘요.

재료

달걀 2개
페타치즈 30g

양송이 2개
청양고추 1/2개
양파 1/4개
마늘 3쪽
삶은 병아리콩 1/2컵

토마토소스 250g
우유 6큰술

올리브오일 적당량
버터 15g

소금·후춧가루 조금씩

만들기

1. 양송이는 세로로 4등분하고, 청양고추는 송송 썬다. 양파는 다지고, 마늘은 얇게 저민다.
2. 팬에 올리브오일을 두르고 다진 양파를 볶다가 마늘, 양송이, 청양고추, 삶은 병아리콩을 넣고 함께 볶는다. 버터를 넣고 섞어준다.
3. 볶아진 재료에 토마토소스와 우유를 넣어 섞고 5분간 끓인다.
4. 끓는 스튜에 달걀을 깨뜨려 넣고 페타치즈를 적당히 잘라 넣은 뒤 소금, 후춧가루로 간한다.
5. 달걀이 반숙으로 익으면 불을 끈다.

1

4

5

영양성분(1인분) 칼로리 **210kcal** | 탄수화물 **22g**(당류 **4g**) | 단백질 **15g** | 지방 **7g** | 나트륨 **180mg**
드레싱 칼로리 **115kcal** | 탄수화물 **6g**(당류 **4g**) | 단백질 **0.5g** | 지방 **10g** | 나트륨 **310mg**

병아리콩 달걀 샐러드

병아리콩과 달걀의 풍부한 단백질이 심장과 혈관 건강을 돕는 샐러드입니다. 비타민과 항산화 성분이 가득한 오이와 적양파까지 들어가 혈압 조절 효과까지 있어요.

재료

병아리콩 3/4컵
적양파 1/4개
오이 1/4개
달걀 1/4개

오리엔탈 드레싱

올리브오일 2큰술
올리고당 1½큰술
다진 마늘 1작은술
식초 2큰술
간장 1큰술

만들기

1 적양파와 오이는 깍둑썬다.
2 달걀은 완숙으로 삶아 슬라이스한다.
3 병아리콩을 5~6시간 불린 후, 냄비에 물을 붓고 30분간 삶는다.
4 드레싱 재료를 분량대로 섞어 오리엔탈 드레싱을 만든다.
5 병아리콩과 다진 적양파, 오이를 섞어 담고, 삶은 달걀을 위에 올린 후 드레싱을 뿌린다.

1

4

5

영양성분(1인분) 칼로리 **190kcal** | 탄수화물 **8g**(당류 **3g**) | 단백질 **3g** | 지방 **15g** | 나트륨 **150mg**

셀러리 들깨볶음

셀러리를 기름에 볶으면 부드러워서 먹기가 좋아요. 칼륨과 칼슘이 풍부한 셀러리를 포화지방산이 가득한 들깻가루와 올리브오일로 볶아 심혈관 건강에 좋습니다.

재료

셀러리 6줄기
양파 1/2개
마늘 5쪽
들깻가루 3큰술
올리브오일 3큰술
소금 조금
물 적당량
통깨 조금

만들기

1 셀러리는 겉껍질의 질긴 부분을 칼로 벗긴다.
2 손질한 셀러리는 어슷하게 썬다. 양파는 채 썰고 마늘은 얇게 저며 썬다.
3 팬에 올리브오일을 두르고 마늘을 노릇하게 볶는다.
4 셀러리, 양파, 소금을 넣고 볶다가 들깻가루와 물을 넣고 더 볶는다. 너무 되직하면 물을 조금 더 넣고 다 되면 통깨를 뿌린다.

1

2

4

영양성분(1인분) 칼로리 **80kcal** | 탄수화물 **6g**(당류 **3g**) | 단백질 **2g** | 지방 **5g** | 나트륨 **150mg**

양배추 들기름무침

양배추는 항산화 작용을 돕는 글루코시놀레이트 성분이 풍부한 식재료입니다. 가볍게 소금 간만 해서 들기름으로 무쳐도 몸에 좋은 영양분을 섭취할 수 있어요.

재료 2인분

양배추 1/6통
소금 1큰술
들기름 1큰술
검은깨 조금

만들기

1 양배추는 심지를 제거한 뒤 먹기 좋게 썬다.
2 양배추를 접시에 담고 소금과 들기름을 고루 뿌린다.
3 그 위에 검은깨를 뿌린다.

영양성분 (1인분) 칼로리 **210kcal** | 탄수화물 **12g** (당류 **4g**) | 단백질 **9g** | 지방 **15g** | 나트륨 **380mg**
드레싱 칼로리 **135kcal** | 탄수화물 **5g** (당류 **3g**) | 단백질 **0.5g** | 지방 **13g** | 나트륨 **90mg**

완두콩 부라타치즈 샐러드

완두콩은 단백질과 식이섬유가 풍부해 혈중 콜레스테롤을 낮추고 혈당 안정화를 도와줍니다. 부라타치즈와 함께 샐러드를 만들어 맛과 영양이 균형 잡힌 한 접시를 완성했어요.

재료 2인분

완두콩 1컵
부라타치즈 120g
오이 1/2개
래디시 1개
스위트콘 2큰술

무염버터 30g
치킨스톡(큐브) 5g
물 1/2컵

드레싱
생 딜 한 줌
다진 마늘 1작은술
홀그레인 머스터드 1작은술
올리고당 1/2큰술
레몬즙 3큰술
아보카도오일 2큰술
소금·후춧가루 조금씩

만들기

1 오이와 래디시는 동그랗게 슬라이스한다.
2 스위트콘은 체에 밭쳐 물기를 뺀다.
3 완두콩은 끓는 물에 삶아 버터를 녹인 팬에 볶는다.
4 치킨스톡을 물에 풀어 완두콩볶음에 넣고 간이 배게 조린다.
5 볶은 완두콩과 오이, 래디시, 스위트콘을 담고 부라타치즈를 올린 뒤 드레싱을 만들어 곁들인다.

영양성분(1인분) 칼로리 370kcal | 탄수화물 42g(당류 6g) | 단백질 17g | 지방 14g | 나트륨 400mg
드레싱 칼로리 135kcal | 탄수화물 5g(당류 3g) | 단백질 0.5g | 지방 13g | 나트륨 90mg

쇠고기 렌틸콩 포케

렌틸콩과 귀리는 단백질과 식이섬유, 철분 등 다양한 영양소가 함유된 곡물이에요. 쇠고기와 곡물, 신선한 채소를 더해 영양과 맛, 건강을 한 그릇에 담아냈어요.

재료 2인분

쌀 1컵
귀리 1/4컵
렌틸콩 4큰술
쇠고기(샤부샤부용) 100g
양상추·로메인 4장씩
적양파 1/4개

소금·후춧가루 조금씩
올리브오일 조금

발사믹 드레싱

발사믹식초·알룰로스 2큰술씩
올리브오일 2큰술
간장·올리고당 조금씩
소금·다진 마늘 조금씩
레드페퍼 조금

만들기

1. 쌀과 귀리를 4:1 비율로 섞어 밥을 짓는다.
2. 렌틸콩은 끓는 물에 20분간 삶는다.
3. 쇠고기는 먹기 좋은 크기로 썰어 팬에 올리브오일을 두르고 소금, 후춧가루로 양념해서 볶는다.
4. 양상추와 로메인은 먹기 좋은 크기로 자르고 적양파는 둥근 모양을 살려 얇게 슬라이스한다.
5. 드레싱 재료를 잘 섞어 발사믹 드레싱을 만든다.
6. 그릇에 밥을 담고 준비한 채소를 섞어 올린 후 쇠고기와 렌틸콩을 고명으로 얹는다.

1

3

4

영양성분(1인분) | 칼로리 **540kcal** | 탄수화물 **55g**(당류 **4g**) | 단백질 **37g** | 지방 **18g** | 나트륨 **320mg**

연어구이 덮밥

연어의 오메가-3 지방산은 혈액순환을 개선하고 혈압을 안정시키며, 잡곡밥과 신선한 채소는 식이섬유와 항산화 성분을 제공해 심혈관 건강에 도움을 줍니다.

재료 2인분

잡곡밥 2공기
연어 300g
올리브오일 조금
소금·후춧가루 조금씩
애호박 1/2개
적양파 1개
렌틸콩 2큰술
병아리콩 2큰술
마늘 플레이크 1큰술
레몬 슬라이스 2쪽

소스

간장·알룰로스 2큰술씩

만들기

1. 연어는 소금, 후춧가루, 올리브오일을 뿌려 재운다.
2. 애호박은 반달썰기하고, 적양파는 먹기 좋은 크기로 썬다.
3. 렌틸콩과 병아리콩을 물에 2~3시간 불린 후 전자레인지에 3분 정도 돌려 익힌다.
4. 간장과 알룰로스를 냄비에 넣고 살짝 끓여 소스를 만든다.
5. 팬에 올리브오일을 두르고 애호박과 양파를 볶다가 소스 1큰술을 넣어 간을 한다.
6. 달군 팬에 연어를 올리고 소스 1큰술을 끼얹어가며 익힌다.
7. 그릇에 잡곡밥과 구운 채소, 익힌 콩을 담고 연어를 올린 뒤 소스를 뿌린다. 마늘 플레이크와 레몬 슬라이스로 장식한다.

3

5

6

영양성분(1인분) 칼로리 **400kcal** | 탄수화물 **35g**(당류 **6g**) | 단백질 **13g** | 지방 **23g** | 나트륨 **580mg**

콩비지 포카치아

콩비지는 콩의 영양 성분이 그대로 살아 있으면서 소화가 잘되는 건강식품입니다. 찌개 재료뿐만 아니라 샌드위치의 스프레드로 활용해보세요. 건강한 포만감과 에너지를 느낄 수 있어요.

재료 2인분

포카치아 150g
흰콩 1/4컵
슬라이스 오이피클 4쪽
생 모차렐라치즈 50g
토마토 1/2개
루콜라 조금
올리브오일 4작은술

만들기

1 흰콩을 준비해 물에 충분히 불린 뒤 푹 삶아서 되직하게 갈아 콩비지를 준비한다.

2 콩비지에 오이피클을 잘게 다져 넣고 섞어 스프레드를 만든다.

3 모차렐라치즈는 도톰하게 썰고 토마토는 얇게 슬라이스한다. 루콜라는 씻어 건진다.

4 포카치아를 반으로 갈라 콩비지 스프레드를 바른 뒤 모차렐라치즈와 구운 토마토, 루콜라를 올린다.

영양성분(1인분) 칼로리 **220kcal** | 탄수화물 **27g**(당류 **8g**) | 단백질 **9g** | 지방 **8g** | 나트륨 **250mg**

갈릭 병아리콩 수프

마늘은 알리신과 황화알릴 같은 유황 화합물이 풍부해 심혈관 건강을 돕고 항암·항산화 작용을 합니다. 병아리콩과 함께 수프를 만들면 단백질과 식이섬유를 보충할 수 있어요.

재료 2인분

불린 병아리콩 1/2컵
저지방 우유 2/3컵
올리브오일 1큰술
다진 마늘 2작은술
파프리카 가루 1작은술
로즈메리 1작은술
타임 1작은술
소금·후춧가루 조금씩

만들기

1 불린 병아리콩에 물을 넉넉히 붓고 소금을 조금 넣어 푹 삶는다.

2 삶은 병아리콩을 믹서에 넣고 우유를 부어 곱게 간다. 우유를 조금씩 넣어 농도를 조절한다.

3 냄비에 올리브오일을 두르고 마늘을 볶아 향을 낸 후 ②의 병아리콩 퓌레와 로즈메리, 타임, 파프리카 가루를 넣고 소금, 후춧가루로 간해 섞는다.

4 뚜껑을 덮고 중불에서 끓이다가, 끓기 시작하면 약불로 줄여 20~30분 정도 저어가며 끓인다.

영양성분(1인분) 칼로리 **720kcal** | 탄수화물 **45g**(당류 **35g**) | 단백질 **25g** | 지방 **56g** | 나트륨 **120mg**

사과와 땅콩 스프레드

불포화지방과 항산화 성분이 조화를 이루는 간식. 에너지를 보충하고 심혈관 건강에도 좋은 스낵으로 추천합니다. 간편하게 수제 땅콩 스프레드를 만들어 더 건강하게 즐겨요.

재료 2인분

사과 1개
레몬즙 적당량
땅콩 400g
소금 조금

만들기

1 땅콩을 175℃의 오븐에 넣고 10~15분간 고르게 구워 껍질을 벗긴다.
2 구운 땅콩을 믹서에 넣고 소금을 조금 첨가해 5~15분간 갈아 부드러운 땅콩버터를 만든다.
3 사과는 깨끗이 씻어 껍질째 얇게 슬라이스한다.
4 사과 위에 올리브오일과 레몬즙을 조금 뿌린다.

근육에 활력을 주는 저속노화 레시피

근육은 우리 몸을 지탱하고 움직임과 에너지 대사를 하는 데 핵심적인 역할을 합니다. 그러나 나이가 들면 근육량이 감소해 일상 활동에 영향을 미칠 수 있습니다. 이를 예방하기 위해 단백질과 비타민, 미네랄을 충분히 섭취하는 것이 중요합니다.

특히 단백질은 손상된 근육 조직을 재생하고 새로운 근육 형성을 촉진하며, 운동 후 에너지를 회복하는 데 도움을 줍니다.

닭가슴살, 달걀, 두부, 해산물 등 소화 흡수가 잘되는 단백질 식품과 신선한 채소, 곡류를 활용한 슬로에이징 레시피로 근육을 강화하고 활력을 유지해보세요.

영양성분(1인분) 칼로리 **280kcal** | 탄수화물 **7g**(당류 **4g**) | 단백질 **18g** | 지방 **20g** | 나트륨 **340mg**

시금치 토마토 프리타타

각종 채소가 들어가 건강에도 좋고 소화도 잘되는 건강식이에요. 시금치의 철분과 달걀의 단백질이 근육 형성을 돕고, 방울토마토의 항산화 성분이 염증 완화에 도움을 줍니다.

재료 2인분

시금치 2줌
방울토마토 5개
양파 1/2개
피자치즈(슈레드 치즈) 1컵
올리브오일 2큰술
파르메산 치즈가루 조금

달걀물

달걀 4개
우유 1/2컵
소금·후춧가루 조금씩

만들기

1 시금치는 깨끗이 다듬어 씻은 뒤 먹기 좋은 크기로 자른다. 방울토마토는 반으로 자르고, 양파는 채 썬다.
2 달걀과 우유를 잘 섞어 소금, 후춧가루로 간한 뒤 체에 내린다.
3 팬에 올리브오일을 두르고 양파와 시금치를 볶는다. 숨이 죽으면 불을 끈다.
4 오븐용 내열용기에 볶은 채소를 담고 달걀물을 부은 뒤 방울토마토와 피자치즈를 올린다.
5 190℃로 예열한 오븐에 15~20분간 구워 뜨거울 때 파르메산 치즈가루를 부린다.

영양성분(1인분) 칼로리 190kcal | 탄수화물 6g(2g) | 단백질 12g | 지방 12g | 나트륨 90mg
드레싱 칼로리 40kcal | 탄수화물 9g(5g) | 단백질 0g | 지방 1g | 나트륨 380mg

연두부 샐러드

연두부는 부드럽고 소화가 잘돼 노년기 단백질 보충에 아주 좋은 재료입니다. 거기에 채소와 견과류를 더하고 간장 베이스의 드레싱으로 맛을 내 어른 입맛에 맞는 샐러드가 탄생했어요.

재료 2인분

연두부 300g
달걀 1개
방울토마토 3개
건 크랜베리 2큰술
호두 2개분
어린잎 채소 조금

드레싱

식초·청주 4큰술씩
간장 2큰술
알룰로스 4큰술
굴소스 1큰술
레몬 슬라이스 4쪽

만들기

1 연두부는 물기를 닦고, 호두는 잘게 부순다.
2 달걀은 삶아서 잘게 다지고, 방울토마토는 반으로 자른다.
3 냄비에 드레싱 재료를 넣고 끓인 뒤 불을 끄고 완전히 식힌다.
4 접시 가운데에 연두부를 담고 다진 달걀, 건 크랜베리, 호두, 방울토마토를 둘레에 담는다.
5 연두부 위에 어린잎 채소를 얹고 드레싱을 곁들인다.

영양성분(1인분) 칼로리 **190kcal** | 탄수화물 **6g(2g)** | 단백질 **12g** | 지방 **12g** | 나트륨 **90mg**
소스 칼로리 **40kcal** | 탄수화물 **9g(5g)** | 단백질 **0g** | 지방 **1g** | 나트륨 **380mg**

연두부 튀김

겉은 바삭하고 속은 부드러운 연두부 튀김은 지방을 줄이면서도 단백질을 풍부하게 채울 수 있어요. 고소하면서도 상큼한 유자 폰즈 소스를 곁들여 입맛을 돋운답니다.

재료 2인분

연두부 450g
달걀노른자 5개
녹말가루 2컵
찹쌀가루 1컵
올리브오일 적당량

유자 폰즈 소스

간장 2큰술
유자청·식초·물 1큰술씩
땅콩 2~3개
알룰로스·소금 조금씩

만들기

1 연두부는 깍둑썰기해서 소금을 살짝 뿌린 뒤 종이타월로 물기를 닦아준다.
2 연두부에 찹쌀가루를 묻히고 녹말가루를 겉에 한 번 더 묻힌다.
3 팬에 식용유를 두르고 연두부를 노릇하게 튀긴다.
4 땅콩을 칼로 부순 뒤 나머지 재료와 함께 섞어 유자 폰즈 소스를 만든다.
5 접시에 담고 유자 폰즈 소스를 곁들여서 찍어 먹는다.

1

2

3

영양성분(1인분) 칼로리 280kcal | 탄수화물 6g(당류 3g) | 단백질 22g | 지방 18g | 나트륨 320mg
소스(1인분) 칼로리 40kcal | 탄수화물 8g(당류 6g) | 단백질 1g | 지방 0g | 나트륨 620mg

훈제오리 채소찜

오리고기는 단백질과 비타민 B가 풍부해 근육을 보충하는 데 효과적입니다. 다양한 채소가 미네랄과 항산화 성분을 제공해 운동 후 회복을 촉진해줘요.

재료 2인분

훈제오리 220g
배추속대 7장
부추 한 줌
느타리버섯 1송이
후춧가루 조금

소스
간장 5큰술
식초·설탕 2큰술씩
물 2큰술

만들기

1 배추와 부추는 깨끗이 씻어 먹기 좋은 크기로 자른다. 느타리버섯은 밑동을 제거하고 결대로 잘게 찢는다.

2 찜기에 물을 붓고 끓인 뒤 위에 배추, 부추, 느타리버섯, 훈제오리 순으로 올려 중불에서 찐다. 기호에 따라 후춧가루를 조금 뿌린다.

3 간장, 식초, 설탕, 물을 분량대로 섞어 소스를 만든다.

4 훈제오리와 채소가 익으면 접시에 보기 좋게 담고 소스를 곁들인다.

영양성분(1인분) 칼로리 **250kcal** | 탄수화물 **20g**(당류 **5g**) | 단백질 **11g** | 지방 **15g** | 나트륨 **430mg**

순두부 김말이 튀김

부드러운 순두부가 들어간 김말이 튀김은 아이부터 어른까지 누구나 즐길 수 있는 한입 간식이에요. 근육 건강을 위해 고단백 저칼로리 식품인 순두부를 다양한 레시피로 즐겨보세요.

재료 2인분

순두부 350g
김밥용 김 1장
녹말가루 4큰술
식용유 적당량(5큰술)

실파 1뿌리
홍고추 1/2개
통깨 조금

양념
간장 3큰술
굴소스 1/2큰술
올리고당·청주 1큰술씩
물 1/2컵

만들기

1. 순두부는 종이타월 위에 올려 물기를 제거하고, 김은 순두부 길이에 맞춰 자른다. 실파와 고추는 송송 썬다.
2. 간장, 굴소스, 올리고당, 청주, 물을 분량대로 섞어 튀김 양념을 만든다.
3. 김 위에 순두부를 올리고 단단히 말아 7~8등분으로 자른다.
4. 순두부 김말이에 녹말가루를 묻히고 기름을 넉넉히 두른 팬에 올려 바삭하게 튀긴다.
5. 순두부 김말이를 종이타월 위에 올려 기름을 제거한 뒤 팬에 넣고 양념을 부어 약불에서 조린다.
6. 양념이 자작해지면 꺼내서 접시에 담고 실파, 홍고추, 통깨를 뿌린다.

영양성분(1인분)　칼로리 **285kcal**　|　탄수화물 **14g**(당류 **2g**)　|　단백질 **20g**　|　지방 **17g**　|　나트륨 **310mg**

쇠고기 애호박전

애호박에 다진 쇠고기를 채워 넣고 전을 부쳐서 단백질과 비타민, 미네랄을 함께 섭취할 수 있어요. 아작아작 씹히는 애호박과 고소한 육전의 맛을 고루 느껴보세요.

재료 2인분

다진 쇠고기 150g
애호박 1개
청양고추 1/2개
달걀 2개
소금 조금
부침가루 1/2컵
올리브오일 조금

쇠고기 밑간

간장 1큰술
맛술·올리고당 1/2큰술씩
다진 마늘 1/2큰술

만들기

1 애호박은 도톰하고 동글게 썬 뒤 틀로 가운데를 파내고 소금을 뿌린다. 물기가 스며나오면 종이타월로 닦는다.
2 청양고추는 잘게 다진다. 달걀은 소금을 조금 넣고 곱게 푼다.
3 다진 쇠고기에 간장, 맛술, 올리고당, 다진 마늘을 넣고 주물러 고기소를 만든다.
4 애호박 속에 고기소를 채워 눌러준 뒤 부침가루를 가볍게 묻힌다.
5 ④를 달걀 푼 물에 담갔다가 건져 올리브오일 두른 팬에 앞뒤로 노릇하게 지진다.

1

3

5

영양성분 (1인분)　칼로리 **210kcal**　｜　탄수화물 **6g**(당류 **2g**)　｜　단백질 **36g**　｜　지방 **4g**　｜　나트륨 **480mg**

닭가슴살 장조림

칼로리 부담 없이 근육을 강화하는 데 닭가슴살만 한 게 없어요. 꽈리고추와 마늘을 넉넉히 넣고 장조림을 만들면 냄새도 안 나고 맛이 깔끔해서 밥반찬으로 즐기기에 좋아요.

재료 2인분

닭가슴살 300g
마늘 10쪽
꽈리고추 10개
무 1토막(5cm 길이)
다시마 10×10cm 1장
물 3컵

간장 2큰술
알룰로스 1/2큰술
물엿 1/2큰술
맛술 1/2큰술
후춧가루·통깨 조금씩

만들기

1 냄비에 닭가슴살, 무, 다시마를 넣고 물을 부은 뒤 끓인다. 끓는 동안 생기는 불순물은 걷는다.

2 닭가슴살을 삶는 동안 꽈리고추를 씻어 반으로 자른다.

3 닭가슴살이 완전히 익으면 건져 결대로 잘게 찢는다.

4 닭 육수에 간장, 알룰로스, 물엿, 맛술, 후춧가루를 넣고 중약불로 끓이다가 삶은 닭가슴살을 넣고 간이 배도록 끓인다.

5 중간에 마늘을 넣고 좀 더 끓인 뒤 불을 끄고 꽈리고추를 넣어 잔열로 익힌다.

6 다 되면 접시에 담고 통깨를 뿌린다.

영양성분(1인분) 칼로리 **520kcal** | 탄수화물 **22g**(당류 **6g**) | 단백질 **45g** | 지방 **30g** | 나트륨 **380mg**

로스트 치킨

구운 채소의 은은한 단맛과 닭고기의 풍미가 어우러진 든든한 메뉴입니다. 닭고기는 단백질과 필수 아미노산이 풍부해서 근육 성장과 에너지 공급에 더없이 좋아요.

재료 2인분

닭 1kg(1마리)
감자 2개
당근 1개
미니양배추 5개
방울토마토 5개
마늘 5~6쪽
레몬 1개
로즈메리 1줄기
올리브오일 3큰술
소금·후춧가루 조금씩

만들기

1 닭은 깨끗이 손질해 큼직하게 자른다. 레몬은 8등분한다.
2 감자는 껍질째 깨끗이 씻어서 밤톨 크기로 자른다. 당근도 같은 크기로 자르고, 미니양배추는 반으로 자른다.
3 손질한 닭에 소금·후춧가루를 뿌려 밑간한다.
4 팬에 올리브오일을 두르고 밑간한 닭고기를 올려 겉이 노릇해질 때까지 굽는다.
5 닭이 노릇해지면 감자, 당근, 미니양배추, 마늘을 함께 넣고 고루 섞어가며 가볍게 볶는다.
6 오븐 팬에 ⑤를 담고 방울토마토와 레몬, 로즈메리를 올린 뒤 180℃로 예열한 오븐에 20분 정도 익힌다.

1

2

5

영양성분(1인분) 칼로리 **480**kcal | 탄수화물 **58**g(당류 **5**g) | 단백질 **28**g | 지방 **15**g | 나트륨 **410**mg

닭고기 파에야

닭고기의 단백질과 쌀의 탄수화물, 각종 채소의 비타민과 미네랄이 균형 있게 들어간 스페인식 볶음밥. 이탈리아 품종인 아보리오 쌀은 리소토나 파에야에 주로 쓰인답니다.

재료 2인분

닭다리살 140g
아보리오 쌀 240g
토마토 1/2개
양파 1/4개
그린빈 5줄기
마늘 3쪽
치킨스톡 2/3컵
물 2컵
파프리카 가루 1큰술
올리브오일 조금
소금·후춧가루 조금씩

만들기

1 아보리오 쌀은 깨끗이 씻어 체에 건져둔다.

2 닭다리살, 양파, 토마토는 깍둑썰고, 마늘은 굵게 다진다. 그린빈은 4~5cm 길이로 자른다.

3 팬에 올리브오일을 두르고 닭다리살을 올린 뒤 소금과 후춧가루로 간해 볶는다.

4 닭고기가 거의 익으면 그린빈을 넣고 볶다가 다진 마늘과 양파를 넣어 함께 볶는다.

5 ④에 토마토를 넣고 파프리카 가루를 넣어 잘 섞어가며 볶는다.

6 재료가 잘 어우러지면 물과 치킨스톡을 넣고 끓이다가 소금으로 간을 맞추고, 아보리오 쌀을 넣어 중불에서 끓인다.

7 물이 자작해지면 불을 줄여서 5분 정도 뜸을 들인 뒤, 다시 센 불로 올려서 물기를 완전히 날려 마무리한다.

2

5

7

영양성분(1인분) 칼로리 **390kcal** | 탄수화물 **42g**(당류 6g) | 단백질 **32g** | 지방 **10g** | 나트륨 **320mg**

퀴노아 닭죽

퀴노아는 필수 아미노산이 풍부한 곡물로, 닭고기와 함께 죽을 끓이면 근육 재생과 성장에 효과적이에요. 브로콜리, 당근 등 항산화 채소가 영양을 더욱 업그레이드시켜줍니다.

재료 2인분

닭 1kg(1마리)
퀴노아 1컵
시금치 3줄기
당근 1/6개
브로콜리 2송이
검은깨 조금
물 적당량

만들기

1. 닭은 깨끗이 씻어 압력밥솥에 넣고 자작하게 잠길 만큼 물을 부어 25분간 삶는다.
2. 퀴노아는 체에 밭쳐 여러 번 헹군 뒤 물기를 뺀다.
3. 시금치, 브로콜리, 당근은 잘게 다진다.
4. 닭이 삶아지면 꺼내 뼈를 발라내고 살만 잘게 찢는다. 닭 육수는 식힌 뒤 기름을 걷어낸다.
5. 냄비에 닭 육수, 퀴노아, 닭살, 시금치, 당근, 브로콜리를 넣고 중약불에서 끓인다.
6. 퀴노아가 부드럽게 퍼지고 국물이 걸쭉해지면 그릇에 담고 검은깨를 뿌린다.

영양성분(1인분) 칼로리 **450kcal** | 탄수화물 **52g**(당류 **6g**) | 단백질 **28g** | 지방 **12g** | 나트륨 **580mg**

오야코돈

단백질과 에너지를 고루 챙길 수 있는 일본식 닭고기 달걀덮밥. 닭고기와 달걀, 간장 양념의 감칠맛이 조화를 이루며 입안 가득 부드러운 풍미가 번져요.

재료 2인분

닭 안심 160g
잡곡밥 2공기(300g)
달걀 3개
양파 1/2개
양배추 잎 2장
당근 조금
대파 1/2대
실파 2줄기

양념

간장 1큰술
참치액 1작은술
맛술 1큰술
물 120mL(3/5컵)
알룰로스 2작은술
후춧가루 조금

만들기

1 닭고기는 한입 크기로 썰고, 양파·양배추·당근·대파는 채 썬다. 실파는 송송 썬다.
2 달걀을 깨뜨려 소금을 조금 넣고 섞는다.
3 냄비에 물, 간장, 맛술, 참치액, 알룰로스를 넣고 끓이다가 닭고기, 양파, 양배추, 당근을 넣고 뚜껑을 덮어 중불에서 5분간 끓인다.
4 닭고기가 익고 국물이 졸아들면 대파를 넣고 달걀물을 골고루 부어준다.
5 불을 끄고 잔열로 달걀이 부드럽게 익도록 둔다.
6 그릇에 잡곡밥을 담고 조린 닭고기와 달걀을 올린 뒤 송송 썬 실파와 후춧가루를 뿌린다.

1

3

4

영양성분(1인분) 칼로리 **320kcal** | 탄수화물 **32g**(당류 **5g**) | 단백질 **20g** | 지방 **12g** | 나트륨 **380mg**
소스 칼로리 **15kcal** | 탄수화물 **3.2g**(당류 **2.4g**) | 단백질 **0.2g** | 지방 **0.3g** | 나트륨 **110mg**

치킨 토르티야

기름 없이 구운 토르티야에 고단백 저지방 닭가슴살과 토마토, 양파 등의 신선한 채소를 더했어요. 한 손에 쏙 들어가게 말아 간편하게 영양을 챙길 수 있어요.

재료 2인분

토르티야 2장
닭가슴살 120g
토마토 1/3개
양파 1/4개
로메인 100g
슈레드 치즈 25g
허브솔트·후춧가루 조금씩
올리브오일 조금

소스

레몬즙 1큰술
다진 양파 1큰술
다진 딜 1큰술
머스터드·올리고당 1작은술씩
소금·후춧가루 조금씩

만들기

1 달군 팬에 토르티야를 올려 기름 없이 살짝 굽는다.

2 토마토, 양파는 잘게 깍둑썰고, 로메인은 먹기 좋은 크기로 자른다.

3 닭가슴살에 허브솔트를 뿌려 밑간한 뒤 팬에 올리브오일을 두르고 굽는다. 익으면 꺼내서 식혀 잘게 찢는다.

4 볼에 토마토, 양파, 로메인을 넣고 소스를 분량대로 잘 섞어 버무린다.

5 토르티야 위에 버무린 채소와 구운 닭가슴살을 올리고 슈레드 치즈를 골고루 뿌린다.

6 후춧가루를 살짝 뿌린 뒤 토르티야를 돌돌 말거나 양쪽으로 접어 오므린다.

2

3

5,6

영양성분(1인분) 칼로리 **480kcal** | 탄수화물 **55g**(당류 **8g**) | 단백질 **28g** | 지방 **14g** | 나트륨 **530mg**

찹스테이크 덮밥

쇠고기의 깊은 풍미에 가지와 파프리카의 산뜻한 식감이 어우러진 덮밥입니다. 단백질과 항산화 성분이 조화를 이루어 맛과 영양을 함께 챙길 수 있어요.

재료 2인분

쇠고기 200g
(맛술 2큰술, 소금·후춧가루 조금씩)
양송이버섯 6개
노란 파프리카 1/2개
가지·양파 1/2개씩
청양고추 1개
다진 마늘 1큰술
소금·후춧가루 조금씩
올리브오일 조금
잡곡밥 300g

소스
발사믹 식초 2큰술
맛술 1큰술
간장·굴소스 1작은술씩
알룰로스 1작은술
물 4큰술

만들기

1 쇠고기는 종이타월로 눌러 핏물을 제거하고 한입 크기로 썬 뒤 맛술, 소금, 후춧가루로 밑간한다.

2 양송이는 밑동을 잘라내고 껍질을 벗긴 뒤 4등분으로 자른다. 노란 파프리카, 가지, 양파는 먹기 좋은 크기로 깍둑썰고, 청양고추는 송송 썬다.

3 발사믹 식초, 맛술, 간장, 굴소스, 알룰로스를 섞어 소스를 만든다.

4 팬에 올리브오일을 두르고 쇠고기를 볶는다.

5 팬에 다진 마늘과 양파를 넣고 볶다가 소스와 청양고추를 넣고 1~2분 졸인다.

6 소스가 반 정도 줄어들면 노란 파프리카, 양송이버섯, 가지를 넣고 ④의 구운 쇠고기를 넣어 고루 섞어가면서 익힌 다음 소금과 후춧가루로 간을 맞춘다.

7 그릇에 잡곡밥을 담고 찹스테이크를 올린다.

2

5

6

영양성분(1인분) 칼로리 **145kcal** | 탄수화물 **3g**(당류 **2g**) | 단백질 **9g** | 지방 **10g** | 나트륨 **140mg**

스터프드 에그

가장 손쉽게 단백질을 보충할 수 있는 것이 완전식품 달걀을 활용한 요리입니다. 달걀을 삶아서 핑거 푸드로 만들면 모양도 예쁘고 건강에도 좋은 간단 간식이 돼요.

재료 2인분

달걀 3개
딸기 4개
마요네즈 1큰술
머스터드 1/2작은술
소금·후춧가루·식초 조금씩
파슬리가루 조금

만들기

1. 냄비에 달걀을 넣고 잠길 만큼 물을 부은 뒤 식초를 조금 넣고 삶는다. 완숙으로 삶아지면 찬물에 담가 식혀서 껍질을 벗긴다.
2. 삶은 달걀을 반으로 자른 뒤 숟가락으로 노른자만 조심스럽게 꺼낸다.
3. 흰자가 바닥에 잘 세워지도록 밑면을 평평하게 잘라 정리한다.
4. 분리한 달걀노른자에 마요네즈, 머스터드, 소금, 후춧가루를 넣고 잘 섞는다.
5. 달걀흰자 안에 노른자 속을 채우고 딸기를 올린 다음 파슬리가루를 뿌린다.

2

3

5

영양성분(1인분) 칼로리 **180kcal** | 탄수화물 **11g**(당류 **4g**) | 단백질 **20g** | 지방 **6g** | 나트륨 **260mg**
드레싱 칼로리 **150kcal** | 탄수화물 **6g**(당류 **5g**) | 단백질 **0g** | 지방 **14g** | 나트륨 **410mg**

닭가슴살 두부면 샐러드

탄수화물이 거의 없는 두부면과 고단백 저지방 닭가슴살로 만든 건강 샐러드입니다. 상추, 오이, 토마토 등 다양한 채소가 들어가 비타민과 미네랄까지 챙길 수 있어요.

재료 2인분

닭가슴살 150g
두부면 200g
양상추 3장
로메인 4장
양파 1/5개
오이 4~5cm 1토막
방울토마토 6개
블랙 올리브 2큰술
스위트콘 2큰술

드레싱

올리브오일 6큰술
레몬즙 4큰술
간장 3큰술
알룰로스 2큰술
소금·후춧가루 조금씩

만들기

1. 두부면은 흐르는 물에 헹군 뒤 체에 밭쳐 물기를 뺀다.
2. 양상추와 로메인은 물에 씻어 건진 뒤 먹기 좋은 크기로 뜯어놓는다.
3. 오이는 얇게 슬라이스하고 양파는 링 모양으로 슬라이스한다.
4. 방울토마토는 반 가르고, 블랙 올리브는 얇게 슬라이스한다. 스위트콘은 체에 밭쳐 물기를 뺀다.
5. 닭가슴살에 허브솔트를 뿌려 간한 뒤 팬에 올리브오일을 두르고 구워서 한입 크기로 썬다.
6. 접시에 양상추, 로메인, 양파를 섞어 담고 두부면, 닭가슴살, 오이, 방울토마토, 블랙 올리브, 스위트콘을 올린다.
7. 드레싱을 만들어 샐러드 위에 고루 뿌린다.

3

6

영양성분(1인분) 칼로리 210kcal | 탄수화물 38g(당류 7g) | 단백질 8g | 지방 4g | 나트륨 180mg

완두콩 옥수수전

알알이 떼어낸 옥수수와 완두콩을 부침가루로 반죽해 동그랗게 전을 부쳤어요. 입이 심심할 때 가볍게 준비할 수 있고 단백질도 보충할 수 있답니다. 청양고추를 넣어 맛이 깔끔해요.

재료 2인분

옥수수 2개
완두콩 1/2컵
청양고추 2개
부침가루 1/2컵
소금 조금
물 120mL

만들기

1 옥수수는 알갱이를 떼어낸다.
2 완두콩은 깨끗이 씻어 체에 밭쳐 물기를 뺀다.
3 청양고추는 잘게 다진다.
4 부침가루에 물을 넣고 소금을 조금 넣어 반죽한 뒤 옥수수, 완두콩, 다진 청양고추를 넣고 고루 섞는다.
5 달군 팬에 올리브오일을 두르고 반죽을 올려 앞뒤로 노릇하게 부친다.

뼈를 채워주는 저속노화 레시피

나이가 들수록 뼈의 밀도가 낮아져 골다공증 위험이 커지기 쉬워요. 이를 예방하려면 칼슘과 비타민 D, 미네랄과 단백질을 충분히 챙기는 게 중요합니다.
뼈를 튼튼하게 하는 칼슘, 칼슘 흡수를 돕는 비타민 D에 더해 마그네슘, 인, 아연, 항산화 성분을 보충하면 뼈 재생과 노화 방지 효과가 높아집니다.
뼈를 채워주는 재료로 대표적인 것들이 해조류와 해산물, 유제품, 식물성 단백질 등이니 이를 활용한 메뉴들로 뼈를 튼튼하게 유지하고 활력있는 일상을 가꾸어보세요.

영양성분(1인분) 칼로리 **190kcal** | 탄수화물 **8g**(당류 **3g**) | 단백질 **22g** | 지방 **8g** | 나트륨 **320mg**
드레싱 칼로리 **90kcal** | 탄수화물 **2g**(당류 **1g**) | 단백질 **0g** | 지방 **9g** | 나트륨 **240mg**

씨푸드 샐러드

새우와 조개류는 칼슘과 인이 풍부해 뼈 건강에 좋습니다. 여기에 채소의 비타민 K와 항산화 성분이 더해져 뼈를 튼튼하게 해주는 지중해식 샐러드입니다.

재료 2인분

새우(대하) 6마리
홍합 6개
백합(중합) 6개
양상추·상추·치커리 2~3장씩
당근 1/8개
셀러리 1대
양파 1/2개
레몬 1/2개
송송 썬 실파 2큰술
다진 마늘 1큰술
통후추 6개
올리브오일 조금

비네그레트 드레싱

식초 4작은술
올리브오일 2큰술
소금·백후춧가루 조금씩

만들기

1 새우는 머리와 내장을 제거한 뒤 소금물로 헹군다.

2 홍합과 백합은 소금물에 담가 해감을 뺀다.

3 양상추와 상추, 치커리는 깨끗이 씻어 한입 크기로 자르고, 당근은 채 썬다. 셀러리는 반 갈라 반달 모양으로 썬다. 양파는 반은 채 썰고 반은 다진다.

4 레몬은 즙을 내고, 속껍질과 겉껍질은 따로 두었다가 해물 데칠 때 사용한다. 껍질을 채 썰면 더욱 좋다.

5 냄비에 물을 붓고 홍합과 백합을 레몬껍질, 통후추와 함께 넣어 데친다. 조개 입이 벌어지면 새우를 넣어 함께 데친다.

6 조개와 새우가 익으면 꺼내 식힌 뒤 준비한 채소와 함께 볼에 담고 다진 마늘, 올리브오일, 레몬즙, 송송 썬 실파, 소금, 백후추를 넣고 버무린다.

7 ⑥을 접시에 담고 준비한 양상추, 상추, 치커리, 당근과 양파채, 셀러리를 골고루 올린 뒤 드레싱을 만들어 곁들인다.

1

4

6

영양성분(1인분) 칼로리 **380**kcal | 탄수화물 **16**g(당류 **7**g) | 단백질 **42**g | 지방 **15**g | 나트륨 **580**mg

부야베스

토마토소스의 풍미가 더해진 부야베스는 프로방스 지방의 전통 해산물 스튜예요. 비타민 D와 오메가-3가 풍부해 뼈 건강과 면역력 유지에 도움이 되는 균형 잡힌 메뉴입니다.

재료 2인분

오징어·꽃게 1마리씩
대구 1/2마리
새우(대하) 6마리
홍합·바지락 8개씩
토마토·양파 1개씩
가지 1/2개

올리브오일 적당량
다진 마늘 1큰술
토마토 페이스트 2큰술

사프란 조금
물 2½컵
다시 팩(마늘 2쪽, 통후추 5~6개, 월계수 잎 1장, 페페론치노 5개, 마늘 2쪽)
소금·후춧가루 조금씩
화이트와인 1컵

만들기

1 오징어는 내장을 제거하고 몸통만 링 모양으로 썬다. 게는 깨끗이 씻어 반으로 자른다.

2 대구는 비늘을 제거하고 손질해 토막을 낸다. 새우는 머리와 내장을 제거하고, 홍합과 바지락은 해감을 뺀다.

3 토마토는 칼집을 넣어 데친 뒤 껍질을 벗기고 씨를 제거해 큼직하게 썬다. 양파와 가지는 깍둑썬다.

4 사프란은 물에 풀어둔다.

5 다시 팩에 마늘 2쪽, 통후추, 월계수 잎, 페페론치노를 넣어 준비한다.

6 냄비에 올리브오일을 두르고 다진 마늘, 양파, 가지를 넣고 볶다가 토마토 페이스트를 넣고 신맛이 날아갈 때까지 볶는다.

7 ⑥에 토마토를 넣고 볶다가 오징어, 게, 대구, 새우, 홍합, 바지락, 사프란 물, 다시 팩을 넣고 소금, 후춧가루로 간해 끓인다.

8 국물이 끓으면 화이트와인을 넣고 10분 정도 더 끓인다.

1

4

7

영양성분(1인분) 칼로리 210kcal | 탄수화물 10g(당류 4g) | 단백질 12g | 지방 14g | 나트륨 290mg

주키니 리코타 롤

리코타치즈의 풍부한 칼슘과 주키니에 함유된 미네랄은 뼈의 강도를 높이는 데 도움이 됩니다. 신선한 채소와 치즈가 어우러져 소화 부담 없이 칼슘 섭취를 늘릴 수 있어요.

재료 2인분

주키니 1½개
리코타치즈 130g
케일 3~4장
마늘 2쪽
오레가노 2작은술
토마토 페이스트 4작은술
파르메산 치즈가루 조금
소금·후춧가루 조금씩
올리브오일 조금

만들기

1 주키니는 필러로 얇게 썰고, 케일은 줄기를 잘라낸 뒤 잎만 잘게 다진다. 마늘은 얇게 저민다.

2 리코타치즈와 다진 케일, 저민 마늘, 오레가노를 섞고 소금·후춧가루로 간을 해 속재료를 만든다.

3 오븐 팬에 올리브오일을 바르고 얇게 썬 주키니를 3~4장씩 반쯤 겹쳐지게 펼쳐놓는다.

4 겹쳐놓은 주키니 위에 토마토 페이스트를 바르고 속재료를 올려 돌돌 만다.

5 다른 주키니를 3~4장 겹쳐 깔고 토마토 페이스트를 바른 다음 ④의 주키니 롤을 한 번 더 굴려 감싸고 파르메산 치즈가루를 뿌린다.

6 185℃로 예열한 오븐에 12~15분간 굽는다.

영양성분(1인분) 칼로리 **290kcal** | 탄수화물 **16g**(당류 **4g**) | 단백질 **24g** | 지방 **12g** | 나트륨 **370mg**

새우 표고버섯전

새우와 표고버섯은 칼슘과 비타민 D, 인이 이상적으로 조합되어 뼈의 밀도를 유지하는 데 도움을 줍니다. 부드러운 새우소와 표고버섯의 감칠맛이 어우러진 영양가 높은 메뉴예요.

재료 2인분

표고버섯 12개

새우소
새우(대하) 12마리
두부 1/2모
당근 1개
양파 1/2개
대파 1대
녹말가루 5큰술
달걀 1개
다진 마늘 1작은술
소금·후춧가루 조금씩

밀가루 조금
달걀 2개
올리브오일 적당량

만들기

1 표고버섯은 밑동을 제거하고 칼집을 낸 뒤 소금을 살짝 뿌려 밑간했다가 물기를 살짝 짠다.

2 새우는 머리와 꼬리를 뗀 뒤 곱게 다지고, 두부는 면포로 싸서 물기를 꼭 짠 뒤 곱게 부숴놓는다. 당근, 양파, 대파는 곱게 다진다.

3 준비한 ②의 재료에 녹말가루, 달걀, 다진 마늘, 소금, 후춧가루를 넣고 잘 섞어 새우소 반죽을 만든다.

4 표고버섯 밑동에 밀가루를 체에 내려 살짝 입힌 뒤 반죽을 도톰하게 채워 꼭꼭 눌러준다.

5 달걀을 곱게 풀어 달걀물을 만든 뒤 속을 채운 표고버섯을 담가 적신다.

6 달군 팬에 올리브오일을 두르고 달걀물에 적신 표고버섯을 올려 앞뒤로 노릇하게 지진다. 먼저, 반죽을 채운 면이 아래로 가도록 놓고, 익으면 뒤집는다.

3

4

6

영양성분(1인분) 칼로리 **486kcal** | 탄수화물 **68g**(당류 **2g**) | 단백질 **13g** | 지방 **18g** | 나트륨 **188mg**

해조류 오일 파스타

칼슘과 요오드가 풍부한 미역과 다시마는 뼈 건강과 갑상선 기능에 도움을 주는 식재료입니다. 오일 파스타에 넣어 짭짤하면서도 해조류 특유의 감칠맛을 즐길 수 있어요.

재료 2인분

스파게티 200g
건미역 5g
다시마 15×10cm 1장
마늘 5쪽
올리브오일 1큰술
들기름 1/2작은술
물 적당량
소금·후춧가루 조금씩
굵은 소금 조금

만들기

1. 미역과 다시마는 각각 물에 불린 뒤 다시마는 길고 가늘게 썰고, 미역도 길게 썬다. 마늘은 저며 썬다.
2. 끓는 물에 굵은 소금을 조금 넣고 스파게티를 넣어 10~12분간 삶아 건져서 올리브오일에 버무린다. 면수는 1컵 남겨둔다.
3. 달군 팬에 올리브오일을 두르고 저민 마늘을 먼저 볶다가 썰어 둔 미역과 다시마를 넣고 함께 볶는다.
4. ③에 스파게티를 면수를 조금씩 넣어가며 볶는다. 마지막에 들기름을 조금 넣어 맛을 더하고 소금과 후춧가루로 간한다.

영양성분(1인분) 칼로리 **260kcal** | 탄수화물 **6g**(당류 **2g**) | 단백질 **15g** | 지방 **20g** | 나트륨 **420mg**

매생이 굴 파스타

미네랄이 풍부한 매생이와 굴을 넣고 파스타를 만들어 부드러운 감칠맛과 은은한 바다 향이 좋아요. 굴은 아연이 풍부해 자양강장·면역력 강화에도 좋은 식품입니다.

재료 2인분

스파게티 200g
매생이 1컵(160g)
굴 15개(200g)
마늘 12쪽
실파 2뿌리
마른 홍고추 조금

화이트와인 2큰술
멸치액젓 1½큰술
파르메산 치즈가루 조금씩

올리브오일 4큰술
굵은 소금 적당량

만들기

1 매생이는 소금물에 담가 젓가락으로 휘저으며 불순물을 가라앉힌 뒤 여러 번 헹궈 건져서 2~3번 잘라준다.

2 굴은 소금물에 가볍게 헹군 뒤 체에 받쳐 물기를 뺀다.

3 마늘은 저며 썰고, 실파는 송송 썰고, 마른 홍고추는 반 갈라 씨를 빼낸 뒤 적당한 크기로 자른다.

4 끓는 물에 굵은 소금을 조금 넣고 스파게티를 넣어 10~12분간 삶아 건져서 올리브오일에 버무린다. 면수는 1컵 남겨둔다.

5 달군 팬에 올리브오일을 두르고 저민 마늘과 고추를 약불에서 볶아 향을 낸다.

6 ⑤에 스파게티와 매생이, 굴을 넣고 저어가며 재빨리 볶는다. 뻑뻑해지면 남겨둔 면수를 조금 넣는다.

7 멸치액젓으로 간을 맞추고 와인으로 맛을 낸 뒤 실파를 넣어 좀 더 볶는다. 다 되면 접시에 담고 파르메산 치즈가루를 뿌린다.

1, 2

5

6

영양성분(1인분) 칼로리 **430kcal** | 탄수화물 **52g**(당류 **7g**) | 단백질 **13g** | 지방 **18g** | 나트륨 **420mg**

대파 크림치즈 통밀 베이글

몸에 좋은 통밀 베이글에 크림치즈를 발라 먹으면 칼슘과 식이섬유를 동시에 섭취할 수 있어요. 크림치즈에 대파를 섞어 고소하면서도 깔끔한 맛이 나요.

재료 2인분

통밀 베이글 2개
크림치즈 120g
대파 1/4대
꿀 1큰술

만들기

1 대파는 송송 썬다.
2 베이글을 반으로 잘라 프라이팬이나 토스터에 가볍게 굽는다.
3 크림치즈, 대파, 꿀을 잘 섞어 치즈 스프레드를 만든 뒤 베이글 한쪽에 골고루 바른다.

영양성분(1인분) 칼로리 **540kcal** | 탄수화물 **7g**(당류 **3g**) | 단백질 **38g** | 지방 **38g** | 나트륨 **580mg**

치즈 소스 새우구이

탱글하면서도 감칠맛 나는 새우에 고소한 치즈 소스를 더해 풍미를 살린 요리입니다. 치즈에는 칼슘과 비타민 D가 풍부해 뼈를 튼튼하게 해줘요.

재료 2인분

새우(대하) 16마리
마늘 2쪽
페페론치노 3개
올리브오일 조금
소금·후춧가루 조금씩

모차렐라치즈 2컵
크림치즈 1컵
우유 1컵

만들기

1. 새우는 내장을 제거한 뒤 껍질을 벗긴다. 꼬리 부분은 남겨둔다.
2. 마늘은 얇게 저며 썰고 페페론치노는 잘게 다진다.
3. 팬에 올리브오일을 두르고 마늘을 볶다가 새우를 넣고 익힌다. 소금, 후춧가루로 간을 하고 페페론치노로 맛을 낸다.
4. 모차렐라치즈, 크림치즈, 우유를 분량대로 섞어 전자레인지에 3분 정도 돌려서 치즈 소스를 만든다.
5. 구운 새우가 담긴 팬에 녹인 치즈 소스를 붓고 약불에서 자글자글 끓인다.

3

4

5

영양성분(1인분) 칼로리 **350kcal** | 탄수화물 **2g**(당류 **1g**) | 단백질 **27g** | 지방 **25g** | 나트륨 **520mg**

참치 타다키

겉면을 재빨리 구워 겉은 스테이크처럼, 속은 회처럼 즐기는 음식을 타다키라고 해요. 참치는 단백질, 오메가-3, 비타민 D가 풍부해 칼슘 흡수와 균형 잡힌 식생활에 도움이 됩니다.

재료 2인분

냉동 참치 300g
어린잎 채소 2줌
올리브오일 4큰술
간장 1½큰술
소금·후춧가루 조금씩

만들기

1. 냉동 참치는 3~4cm 정도의 긴 토막으로 구입해 면포에 감싸 냉장실에서 해동한 뒤 물기를 제거한다.
2. 참치에 소금, 후춧가루를 골고루 뿌려서 밑간한 뒤, 올리브오일과 간장을 1:1 비율로 섞어 10분 정도 재운다.
3. 달군 팬에 올리브오일을 살짝 두르고 참치를 재빨리 구워 겉면만 익힌다.
4. 사면이 골고루 익으면 꺼내서 0.7~1cm 정도 두께로 고르게 썬 뒤 접시에 담고 어린잎 채소를 곁들인다.

영양성분(1인분) 칼로리 **520kcal** | 탄수화물 **58g**(당류 **9g**) | 단백질 **28g** | 지방 **20g** | 나트륨 **650mg**

우유 달걀 카레

우유와 달걀은 칼슘과 단백질의 훌륭한 공급원이에요. 카레의 항염 성분이 더해져 뼈 건강에 도움을 줍니다. 간단하면서도 영양이 풍부해 한 끼 식사로 제격입니다.

재료 2인분

잡곡밥 2공기(300g)
쇠고기 등심 100g
우유 2컵
달걀 2개
당근 1/4개
양파 1/2개
카레가루 1/2컵
물 1/2컵
올리브오일 조금

만들기

1 쇠고기는 핏물을 제거한 뒤 깍둑썰기하고, 당근과 양파도 깍둑 썬다. 카레가루는 물에 개어 곱게 풀어둔다.
2 냄비에 올리브오일을 두르고 쇠고기를 볶다가 고기가 반쯤 익으면 당근과 양파를 넣고 함께 볶는다.
3 채소가 부드럽게 익으면 우유와 카레를 넣고 잘 저어가며 끓인다.
4 한소끔 끓어오르면 달걀을 풀어 넣고 골고루 저어가며 끓인다.
5 우묵한 접시에 따뜻한 잡곡밥을 담고 카레를 붓는다.

영양성분(1인분) 칼로리 **520kcal** | 탄수화물 **68g**(당류 **8g**) | 단백질 **24g** | 지방 **17g** | 나트륨 **720mg**

봉골레 아스파라거스 리소토

바지락과 아스파라거스는 칼슘, 마그네슘, 비타민 K가 풍부해 뼈의 강도와 유연성을 좋게 해줘요. 부드러운 우유와 치즈가 어우러져 맛과 영양을 모두 챙긴 리소토입니다.

재료 2인분

현미 1컵
바지락 15개
물 3컵
아스파라거스 6대
양파 1/2개
당근 1/4개
우유 1컵
치킨스톡(큐브) 10g
파르메산 치즈가루 1큰술
올리브오일 1큰술
레몬즙 조금
소금·후춧가루 조금씩

만들기

1. 현미는 깨끗이 씻어 2시간 정도 불린 뒤 물기를 뺀다.
2. 아스파라거스는 줄기 껍질을 칼로 벗기고, 당근과 양파는 잘게 다진다.
3. 바지락은 소금물에 담가 해감을 뺀 뒤 냄비에 물을 붓고 끓인다. 조개 입이 벌어지면 건져서 바지락살만 꺼내고 삶은 육수는 2컵 정도 남긴다.
4. 밑손질한 아스파라거스를 끓는 물에 살짝 데친 뒤 팬에 올리브오일을 두르고 소금, 후춧가루를 뿌려 굽는다.
5. 팬에 올리브오일을 두르고 양파와 당근을 볶다가 불린 현미를 넣어 함께 볶는다. 현미가 반쯤 익으면 치킨스톡과 바지락 육수를 넣고 중약불에서 끓인다.
6. 육수가 자작해지면 우유를 부어 끓이다가 바지락살, 파르메산 치즈가루, 소금, 후춧가루를 넣고 고루 섞는다.
7. 완성된 리소토를 접시에 담고 구운 아스파라거스를 올린 뒤 파르메산 치즈가루를 뿌린다.

3

4

6

영양성분(1인분) 칼로리 **210kcal** | 탄수화물 **10g**(당류 **6g**) | 단백질 **6g** | 지방 **15g** | 나트륨 **55mg**

검은콩 셔벗

검은콩은 칼슘과 식물성 단백질이 풍부해 뼈 건강에 좋은 식품이에요. 달콤하고 부드러운 검은콩 셔벗은 건강한 디저트를 원하는 분들께 안성맞춤인 메뉴입니다.

재료 2인분

무가당 두유 2컵
생크림 2/3컵
올리고당 1/2큰술
볶은 서리태 조금

만들기

1 생크림, 두유, 올리고당을 잘 섞어 고운체에 거른다.
2 곱게 걸러진 두유는 밀폐용기에 담아 냉동실에서 2시간 정도 얼린다.
3 2시간 후 살얼음이 생기면 꺼내서 포크로 저어준다. 30분 간격으로 2~3회 더 저어가며 냉동해 셔벗 질감을 만든다.
4 완성된 셔벗을 컵에 담고 서리태를 토핑으로 올린다.

장 건강을 지켜주는 저속노화 레시피

장은 소화와 면역의 중심 기관으로, 장이 건강해야 몸 전체의 활력이 유지됩니다. 장내 환경을 개선하려면 식이섬유가 풍부한 채소와 곡물, 그리고 유산균이 살아 있는 발효식품을 꾸준히 섭취하는 것이 중요합니다.

식이섬유는 장 운동을 도와 노폐물 배출을 촉진하고, 발효식품은 유익균의 균형을 유지해 장내 미생물 환경을 건강하게 만듭니다.

낫토 비빔밥, 지중해식 통밀 샐러드, 곤약면 잡채, 베리 치아 푸딩 등 장 건강과 저속노화를 동시에 챙길 수 있는 레시피를 소개합니다.

영양성분(1인분) 칼로리 **260kcal** | 탄수화물 **6g**(당류 **2g**) | 단백질 **15g** | 지방 **20g** | 나트륨 **420mg**

근대 프리타타

프리타타는 달걀, 채소, 치즈 등을 넣어 만든 이탈리아식 오믈렛이에요. 근대에 풍부한 식이섬유와 항산화 성분이 장 운동을 돕고 건강한 장 환경을 만들어줘요.

재료 2인분

달걀 4개
근대 7줄기
실파 10대
생 파슬리 약 2줌
호두 20g
파르메산 치즈 30g
소금·후춧가루 1작은술씩
올리브오일 2큰술

만들기

1 근대와 실파는 잘게 썰고, 파슬리와 호두는 다진다. 파르메산 치즈는 그라인더에 갈거나 잘게 썬다.

2 달걀을 곱게 푼 뒤 준비한 재료를 모두 넣고 소금과 후춧가루로 간해 잘 섞는다.

3 달군 팬에 올리브오일을 두르고 반죽을 부어 중불에서 굽는다.

4 밑면이 완전히 익으면 약불로 줄이고, 뒤집어 3분 정도 더 익힌다.

5 불을 끄고 뚜껑을 덮어 잔열로 익힌 뒤 접시에 담는다.

영양성분(1인분) 칼로리 **280kcal** | 탄수화물 **13g**(당류 **6g**) | 단백질 **23g** | 지방 **14g** | 나트륨 **670mg**

곤약면 잡채

곤약면은 칼로리가 낮고 식이섬유가 풍부해 장 운동을 활성화하고 포만감을 줍니다. 채소와 쇠고기를 함께 볶아 영양의 균형이 잡혀 있고 소화에도 부담 없는 건강 잡채입니다.

재료 2인분

곤약면 300g
쇠고기 200g
시금치 300g(1단)
당근 1/4개
양파 1/2개
생표고버섯 3개
빨강·노랑 파프리카 1/2개씩
통깨 조금

잡채 양념

간장 5큰술
참기름·매실청 2큰술
다진 마늘·생강가루 조금씩
소금·후춧가루 조금씩
통깨 조금

만들기

1. 쇠고기·당근·양파·파프리카는 채 썰고, 표고버섯은 저며 썰고, 시금치는 잎을 떼어둔다.
2. 양념을 분량대로 섞어 잡채 양념을 만든 뒤 1~2큰술을 덜어 쇠고기를 재워둔다.
3. 끓는 물에 곤약면을 넣고 1~2분간 데친 뒤 찬물에 헹구어 건진다.
4. 달군 팬에 기름 대신 물을 조금 두르고 밑간한 쇠고기를 볶는다.
5. 쇠고기가 익으면 당근, 양파, 표고버섯, 파프리카, 시금치를 넣고 나머지 양념을 넣어 함께 볶는다.
6. 데친 곤약면을 넣고 가볍게 섞은 뒤 접시에 담고 통깨를 뿌린다.

1

4

5

영양성분 (1인분) 칼로리 **180kcal** | 탄수화물 **22g** (당류 **7g**) | 단백질 **4g** | 지방 **8g** | 나트륨 **480mg**
소스 칼로리 **145kcal** | 탄수화물 **7.6g** (당류 **6.5g**) | 단백질 **2.7g** | 지방 **12.4g** | 나트륨 **1,550mg**

연근 브로콜리 들깨무침

아삭한 연근과 고소하면서 향긋한 들깨 소스의 조화가 입맛을 돋우는 무침이에요. 연근의 풍부한 식이섬유가 장을 튼튼하게 하고, 브로콜리의 항산화 성분이 장내 염증을 완화해줍니다.

재료 2인분

연근 1개(10cm)
자색 양파 1/3개
빨강·노랑 파프리카 1/4개씩
브로콜리 1/2개

들깨 유자 소스
들깻가루 5큰술
유자청 5작은술
다진 마늘·참기름 1½작은술
소금 1½큰술

만들기

1 연근은 얇게 썰고, 양파와 파프리카는 채 썬다.

2 얇게 썬 연근은 끓는 물에 소금과 식초를 조금 넣고 데쳐 건진 뒤 마른 팬에 살짝 볶아 수분을 날린다.

3 브로콜리는 송이를 나누어 끓는 물에 소금을 조금 넣고 데친 뒤 찬물에 건져 물기를 턴다.

4 들깻가루, 유자청, 다진 마늘, 참기름, 소금을 분량대로 섞어 들깨 소스를 만든다.

5 연근, 양파, 파프리카, 브로콜리를 볼에 담고 소스를 넣어 고루 버무린다.

1

2

3

영양성분(1인분) 칼로리 **180kcal** | 탄수화물 **27g**(당류 **3g**) | 단백질 **3g** | 지방 **7g** | 나트륨 **260mg**
양념장 칼로리 **15kcal** | 탄수화물 **2g**(당류 **0.6g**) | 단백질 **0.5g** | 지방 **0g** | 나트륨 **280mg**

콜라비전

콜라비는 식이섬유와 수분이 많아 장 운동을 도와주고 변비 해소에 효과적이에요. 채 썰어 간단한 부침 요리로 아삭한 식감과 담백한 맛을 함께 즐겨보세요.

재료 2인분

콜라비 2/3개
청양고추·홍고추 조금
부침가루 6큰술
소금 조금
올리브오일 적당량

양념장

간장 4작은술
식초 2작은술
고춧가루 조금

만들기

1 콜라비는 껍질을 벗긴 뒤 채 썰고, 청양고추와 홍고추는 송송 썬다.
2 채 썬 콜라비에 부침가루와 소금을 넣고 가볍게 섞어 반죽을 만든다.
3 달군 팬에 기름을 두르고 반죽을 떠서 올린다. 청양고추와 홍고추를 고명으로 얹고 앞뒤로 노릇하게 굽는다.
4 간장, 식초, 고춧가루를 섞어 양념장을 만든 뒤 전에 곁들여 낸다.

영양성분(1인분) 칼로리 **280kcal** | 탄수화물 **34g**(당류 **8g**) | 단백질 **6g** | 지방 **12g** | 나트륨 **360mg**

가지 카포타나

카포타나는 가지를 주재료로 새콤달콤하게 맛을 낸 이탈리아식 채소 스튜로, 안초비를 다져 넣고 응용했어요. 가지와 토마토, 파프리카에 풍부한 식이섬유와 항산화 성분이 소화를 도와줘요.

재료 2인분

가지·애호박 1/2개
양파·파프리카 1/2개
셀러리 1대
통밀 바게트 1/2개
올리브오일 2큰술
소금·후춧가루 조금씩

소스

안초비 1~2마리
화이트와인 식초 3큰술
설탕 1½큰술
바질 조금

만들기

1. 가지, 애호박, 양파, 셀러리, 파프리카는 깍둑썰고, 안초비는 잘게 다진다.
2. 달군 팬에 올리브오일을 두르고 가지, 애호박, 양파, 파프리카, 셀러리를 넣고 소금, 후춧가루고 간해 볶는다.
3. 소스 재료를 함께 끓이다가 볶은 채소를 넣고 소스가 잘 어우러지도록 조린다.
4. 통밀 바게트를 오븐이나 팬에 살짝 구워 카포타나 위에 얹어 먹는다.

영양성분 (1인분) | 칼로리 **230kcal** | 탄수화물 **18g**(당류 **8g**) | 단백질 **12g** | 지방 **12g** | 나트륨 **380mg**

시금치 웜 샐러드

시금치는 마그네슘과 식이섬유가 풍부해 장 운동을 돕고, 양송이버섯과 토마토의 항산화 성분이 장내 환경을 개선합니다. 따뜻한 웜 샐러드로 소화 효율을 높이고 맛과 영양을 모두 챙길 수 있어요.

재료 2인분

시금치 300g(1단)
양송이버섯 10개
방울토마토 10개
양파 1개
달걀 2개
올리브오일 2큰술
소금·후춧가루 조금
파르메산 치즈가루 4큰술

만들기

1 시금치는 다듬어 씻어 물기를 제거한다.

2 양송이버섯은 세로로 저며 썰고, 양파는 채 썰고, 방울토마토는 반으로 자른다.

3 달군 팬에 올리브오일을 두르고 양파를 볶다가 시금치, 양송이버섯을 넣고 함께 볶는다.

4 시금치가 살짝 숨이 죽으면 방울토마토를 넣고 소금으로 간해 한 번 더 볶는다.

5 팬 가운데 공간을 만들어 달걀을 깨뜨려 올린 뒤 후춧가루와 파르메산 치즈가루를 뿌리고 뚜껑을 덮어 3분 정도 익힌다.

2

3

4

영양성분(1인분) 칼로리 **190kcal** | 탄수화물 **32g**(당류 **8g**) | 단백질 **4g** | 지방 **6g** | 나트륨 **230mg**

동유럽식 양배추쌈

절인 잎채소에 고기와 쌀 등을 싸서 찌거나 익혀 먹는 동유럽 전통 음식이에요. 보통 양배추를 이용하는데, 풍부한 비타민 U 성분이 위 점막을 보호하고 부드럽게 데친 양배추가 속을 소화가 편안하게 해줘요.

재료 2인분

양배추 잎 5~6장
올리브오일 ½큰술
시나몬가루 조금
뜨거운 물 5큰술

속재료

불린 현미 1/2컵
다진 양파 1/3컵
다진 마늘 1작은술
건포도 2작은술
레몬즙 2작은술
시나몬가루 조금
소금·후춧가루 조금씩
정향 조금
올리브오일 2큰술

만들기

1 적당한 크기의 양배추 잎을 골라 4~7cm 크기로 잘라 8장 준비한다.

2 불린 현미와 다진 양파, 다진 마늘, 건포도, 레몬즙, 정향, 올리브오일, 시나몬가루, 소금, 후춧가루를 잘 섞어 속재료를 만든다.

3 데친 양배추 잎에 속재료를 1작은술씩 넣고 돌돌 말아준다.

4 자르고 남은 양배추 잎을 팬 바닥에 깔고 양배추쌈을 가지런히 올린 뒤 뜨거운 물과 올리브오일을 넣고 중불에서 끓인다.

5 끓기 시작하면 약불로 줄이고, 뚜껑을 덮어 현미가 익을 때까지 약 50분간 더 끓인다.

영양성분(1인분) | 칼로리 **192kcal** | 탄수화물 **13g**(당류 **7g**) | 단백질 **2g** | 지방 **15g** | 나트륨 **160mg**

라따뚜이

프랑스 남부 전통요리인 라따뚜이는 다양한 채소를 겹겹이 올려 익힌 스튜입니다. 부드럽고 촉촉해서 소화에 부담이 없고 식이섬유와 항산화 성분이 풍부해 장내 환경을 개선해줘요.

재료 2인분

토마토 3개
가지 1개
주키니 1/2개
노란 파프리카 1개
양파 1/6개
다진 마늘 1작은술
다진 로즈메리 1작은술(1줄기)
코코넛크림 5큰술

올리브오일 3큰술
다진 파슬리 조금
소금·후춧가루 조금씩

만들기

1 토마토, 가지, 주키니는 얇게 슬라이스하고, 자투리는 잘게 다진다. 파프리카와 양파는 잘게 다진다.

2 팬에 올리브오일을 두르고 다진 마늘과 다진 양파를 볶다가 다진 자투리 채소와 로즈메리를 넣고 볶는다.

3 볶은 채소를 믹서에 곱게 갈아 소스를 만든 뒤 냄비에 옮겨 담고 코코넛크림, 소금, 후춧가루를 넣어 5분 정도 끓인다.

4 내열용기 바닥에 소스를 넓게 펴 바르고 그 위에 토마토, 가지, 주키니를 겹겹이 돌려가며 올린다.

5 올리브오일, 다진 파슬리, 올리브오일, 소금, 후춧가루를 섞어 소스를 만든 뒤 채소 위에 고루 바른다.

6 200℃로 예열한 오븐에 넣고 20~30분간 굽는다.

1

3

5

영양성분(1인분) 칼로리 **130kcal** | 탄수화물 10g(당류 **8g**) | 단백질 **7g** | 지방 **3g** | 나트륨 **60mg**
드레싱 칼로리 **70kcal** | 탄수화물 2g(당류 **2g**) | 단백질 **0g** | 지방 **10g** | 나트륨 **0 mg**

쿠스쿠스 샐러드

듀럼밀 가루를 작게 뭉쳐 만든 쿠스쿠스는 아프리카와 중동지역에서 즐겨 먹는 곡물이에요. 복합 탄수화물이 풍부해 혈당을 안정시키고 장 운동을 도와 샐러드에 넣으면 든든한 한 끼가 됩니다.

재료 2인분

쿠스쿠스 1/2컵
올리브오일 1큰술
소금·커민 조금씩
따뜻한 물 3/4컵

퀴노아 1/4컵
렌틸콩 4작은술
물 1/2컵

오이·적양파 1/2개씩
노랑·빨강 파프리카 1/2개씩
생 파슬리 2줌

드레싱
올리브오일·레몬즙 4작은술씩
올리고당 2작은술
양파가루 조금

만들기

1 오이, 양파, 파프리카는 깍둑썰고, 파슬리는 잘게 다진다.
2 쿠스쿠스에 올리브오일과 소금, 커민을 넣고 따뜻한 물 3/4컵을 부어 10분간 불린다.
3 퀴노아와 렌틸콩은 냄비에 물 1/2컵을 붓고 안쳐서 중약불로 밥 짓듯 익힌다.
4 올리브오일, 레몬즙, 올리고당, 양파가루를 분량대로 섞어 드레싱을 만든다.
5 커다란 접시에 준비한 곡물과 채소를 섞어 담고 드레싱을 뿌린다.

1

5

영양성분(1인분) 칼로리 **355kcal** | 탄수화물 **34g**(당류 **11g**) | 단백질 **30g** | 지방 **10g** | 나트륨 **520mg**

셀러리 볶음 쌀국수

동남아식 볶음 쌀국수에 숙주 대신 셀러리를 듬뿍 넣었어요. 셀러리는 식이섬유가 풍부하고 나트륨 함량이 높아 변비 해소는 물론 이뇨 작용과 부기 완화에 도움을 줍니다.

재료 2인분

쌀국수 건면 80g
미지근한 물 적당량

닭가슴살 200g
셀러리 6대
노란 파프리카 3~5개
마늘 4쪽
올리브오일·청주 2작은술
크러시드 페퍼 1작은술
캐슈너트 20g
소금 조금

소스

간장 1큰술
토마토케첩 2큰술
레몬즙·올리고당 2작은술씩

만들기

1. 쌀국수에 따뜻한 물을 붓고 30분간 불려 건진다.
2. 닭가슴살은 손가락 굵기로 길게 썰어 청주와 소금으로 밑간 한다.
3. 셀러리 줄기는 어슷하게 썰고, 잎은 먹기 좋은 길이로 자른다. 파프리카는 가늘게 채 썰고, 마늘은 저며 썬다.
4. 간장, 토마토케첩, 레몬즙, 올리고당을 분량대로 섞어 소스를 만든다.
5. 달군 팬에 올리브오일을 두르고 마늘과 크러시드 페퍼를 넣어 향을 낸 뒤 닭가슴살을 볶는다.
6. 셀러리와 파프리카를 넣고 함께 볶다가 쌀국수와 소스를 넣고 고루 섞어가면서 볶는다. 다 되면 접시에 담고 캐슈너트를 부숴서 뿌린다.

2

3

6

영양성분(1인분)　칼로리 **320kcal**　｜　탄수화물 **42g**(당류 **6g**)　｜　단백질 **12g**　｜　지방 **9g**　｜　나트륨 **240mg**
　드레싱　칼로리 **110kcal**　｜　탄수화물 **3g**(당류 **2g**)　｜　단백질 **0g**　｜　지방 **11g**　｜　나트륨 **480mg**

지중해식 통밀 샐러드

곡물과 치즈, 채소가 어우러져 영양이 균형을 이루는 샐러드입니다. 통밀의 풍부한 식이섬유가 변비를 해소해 장내 독소 제거를 돕고, 방울토마토와 양배추가 소화와 항산화 작용에 도움을 줘요.

재료 2인분

불린 통밀 2컵
물 4컵
올리브오일 2작은술

모차렐라 보코치니 12개
방울토마토 12개

드레싱
올리브오일 4큰술
발사믹 식초 2큰술
소금 2작은술
허브 믹스 파우더 1작은술

만들기

1. 통밀은 깨끗이 씻어 물에 불린 뒤 물과 올리브오일을 넣고 삶는다.
2. 물이 자작하게 줄어들면 불을 끄고 뜸을 들인 뒤 소금으로 간을 맞춘다.
3. 방울토마토는 반으로 나누고, 양배추는 먹기 좋은 크기로 자른다.
4. 올리브오일, 발사믹 식초, 소금, 허브 믹스 파우더를 섞어 드레싱을 만든다.
5. 삶은 통밀, 방울토마토, 양배추, 보코치니 치즈를 접시에 담고 드레싱을 뿌린다.

2

3

5

영양성분(1인분) 칼로리 **230kcal** | 탄수화물 **32g**(당류 **8g**) | 단백질 **6g** | 지방 **8g** | 나트륨 **90mg**

건과일 오트밀 쿠키

건과일과 오트밀은 천연 식이섬유와 항산화 성분이 풍부해 장 운동을 촉진하고 장내 환경을 개선합니다. 에어프라이어로 간단하게 만들 수 있고 소화에도 좋은 건강 간식이에요.

재료 2인분

오트밀 150g
알룰로스 4작은술
소금·후춧가루 조금씩
베이킹파우더 2g
물 4큰술
올리브오일 4작은술
건 크랜베리 1/2큰술
건 블루베리 1/2큰술
호밀식빵 2장

만들기

1. 믹서에 오트밀, 알룰로스, 후춧가루, 소금, 베이킹파우더를 넣고 곱게 간다.
2. ①에 물과 올리브오일을 넣고 돌려 쿠키 반죽을 만든다.
3. ②에 건 크랜베리와 건 블루베리를 넣고 섞어 쿠키 반죽을 완성한다.
4. 반죽을 여러 번 치대어 밀대로 얇게 민 뒤 가로세로 3~4cm 간격으로 자르고 윗면을 포크로 3번 정도 찔러 모양을 낸다.
5. 오븐이나 에어프라이어를 180℃로 예열한 뒤 8~10분 정도 굽는다.

3

4-1

4-2

영양성분(1인분) 칼로리 **380kcal** | 탄수화물 **28g**(당류 **5g**) | 단백질 **20g** | 지방 **20g** | 나트륨 **320mg**

아보카도 오픈 샌드위치

아보카도의 건강한 지방과 식이섬유가 장 벽을 보호하고, 새우·달걀·토마토가 어우러진 신선한 맛을 내는 오픈 샌드위치입니다. 소화에 부담이 적으면서도 든든하게 즐길 수 있어요.

재료 2인분

호밀식빵 2장

새우(중하) 8마리
소금·후춧가루 조금씩
파프리카 가루 조금
다진 마늘·올리브오일 조금씩

토마토 1개
아보카도 1개
삶은 달걀 1개

바질·크러시드 페퍼 조금씩

만들기

1 새우는 껍질을 벗기고 내장을 제거한 뒤 소금, 후춧가루, 파프리카 가루를 뿌려둔다.
2 팬에 올리브오일을 두르고 다진 마늘을 가볍게 볶다가 밑간한 새우를 넣어 앞뒤로 굽는다.
3 토마토, 아보카도, 삶은 달걀은 얇게 슬라이스한다.
4 팬이나 토스터에 호밀식빵을 살짝 구운 뒤 토마토와 아보카도, 새우 또는 달걀을 얹는다. 위에 바질과 크러시드 페퍼를 뿌리면 좋다.

3

4

영양성분 (1인분)　칼로리 **180kcal**　|　탄수화물 **20g**(당류 **9g**)　|　단백질 **4g**　|　지방 **8g**　|　나트륨 **50mg**

베리 치아 푸딩

치아시드의 풍부한 식이섬유가 장 운동을 돕고, 베리류의 항산화 성분이 장내 염증을 완화시켜줍니다. 가볍게 즐기며 장 건강까지 챙길 수 있는 디저트예요.

재료 2인분

푸딩
아몬드 우유 120mL
치아시드 2큰술
메이플시럽(또는 꿀) 1큰술

블루베리 스무디
블루베리 100g
아몬드 우유 15mL

토핑
라즈베리 2큰술
아몬드 슬라이스 조금

만들기

1. 아몬드 우유, 치아시드, 메이플시럽을 잘 섞어서 컵에 담아 냉장고에 둔다.
2. 블루베리와 아몬드 우유를 믹서에 넣고 곱게 갈아 블루베리 스무디를 만든다.
3. ①을 냉장고에서 꺼낸 뒤 블루베리 스무디를 위에 올리고 라즈베리와 아몬드 슬라이스로 토핑을 한다.

영양성분(1인분) 칼로리 **490kcal** | 탄수화물 **58g**(5g) | 단백질 **17g** | 지방 **20g** | 나트륨 **680mg**
소스 칼로리 **20kcal** | 탄수화물 **1.6g**(당류 0.2g) | 단백질 **2.0g** | 지방 **0.1g** | 나트륨 **1,200mg**

낫토 비빔밥

낫토의 유익균이 장내 미생물 균형을 잡고, 잡곡밥의 복합 탄수화물과 신선한 채소가 장 건강에 도움을 줍니다. 발효식품과 채소, 건강한 지방이 조화를 이루는 메뉴예요.

재료 2인분

잡곡밥 2공기
달걀 2개
아보카도 1개
낫토(시판) 90g
어린잎 채소 1줌
레몬 슬라이스 2조각

간장 소스
간장 4큰술
고추냉이 2/3큰술

만들기

1. 달군 팬에 올리브오일을 두르고 달걀을 깨뜨려 올려 프라이를 만든다.
2. 시판 낫토는 동봉된 간장을 넣고 젓가락으로 휘저어 섞는다.
3. 아보카도는 껍질과 씨를 제거한 뒤 슬라이스한다. 어린잎 채소는 흐르는 물에 깨끗이 씻어 건진다.
4. 간장과 고추냉이를 섞어 간장 소스를 만든다.
5. 넓은 그릇에 밥을 퍼 담고 달걀프라이, 아보카도, 낫토, 어린잎 채소를 가지런히 올린다. 레몬 슬라이스를 고명으로 올린 후 간장 소스를 곁들인다.

2

3

5

탄력 있는 피부를 위한 저속노화 레시피

피부는 나이가 들수록 콜라겐과 엘라스틴이 줄어들며 탄력과 생기를 잃기 쉬워요. 이를 늦추려면 피부 속 세포 재생을 돕고 손상을 완화하는 영양소를 꾸준히 섭취해야 합니다. 비타민 C는 콜라겐 생성을 촉진해 피부 구조를 튼튼하게 만들고, 항산화 성분은 자외선과 활성산소로 인한 손상을 줄여 피부 노화를 막는 데 도움이 됩니다.

토마토, 딸기, 당근, 베리류처럼 비타민 C와 항산화 성분이 풍부한 재료를 활용한 저속노화 레시피는 피부에 활력을 더하고, 매일 부담 없이 즐길 수 있어요.

영양성분(1인분) 칼로리 **120kcal** | 탄수화물 **22g**(당류 **15g**) | 단백질 **2g** | 지방 **4g** | 나트륨 **15mg**
드레싱 칼로리 **160kcal** | 탄수화물 **6g**(당류 **3g**) | 단백질 **0.3g** | 지방 **14g** | 나트륨 **75mg**

사과 비트 당근 샐러드

당근의 베타카로틴이 피부를 보호하고, 비트의 항산화 성분이 혈액순환을 돕기 때문에 피부와 혈색 개선에 좋아요. 아삭한 채소와 상큼한 드레싱으로 입맛과 건강을 동시에 챙길 수 있어요.

재료 2인분

사과 1½개
비트 1개
당근 1개
호두 5개

레몬 비니거 드레싱
레몬즙 4큰술
올리고당 2큰술
식초 2큰술
올리브오일 6큰술

만들기

1 사과, 비트, 당근은 껍질을 벗기고 채 썬다.
2 드레싱 재료를 분량대로 잘 섞어 레몬 비니거 드레싱을 만든다.
3 사과, 비트, 당근 채 썬 것을 볼에 담고 드레싱을 부려 가볍게 버무린다.
4 샐러드를 접시에 담고 위에 호두를 부숴 위에 뿌린다.

영양성분(1인분) 칼로리 **95kcal** | 탄수화물 **7g**(당류 **3g**) | 단백질 **4g** | 지방 **5g** | 나트륨 **120mg**
소스 칼로리 **40kcal** | 탄수화물 **9g**(당류 **6g**) | 단백질 **1g** | 지방 **0g** | 나트륨 **250mg**

표고버섯구이 배추쌈

표고버섯에 들어 있는 셀레늄과 항산화 성분이 피부 노화를 예방하고, 배추에 풍부한 비타민 C와 수분은 피부 회복력을 높여줍니다. 구운 표고버섯의 깊은 풍미와 배추의 아삭한 식감을 함께 즐길 수 있어요.

재료 2인분

생표고버섯 8개
배추속대 8장

들기름 2작은술
올리브오일 2작은술
송송 썬 실파 1큰술
통깨 조금

소스
물·올리고당 4작은술씩
간장·고추장 2작은술씩
다진 마늘 1/2작은술

만들기

1 표고버섯은 기둥을 잘라내고 갓 윗면에 칼집을 낸다.
2 배추속대는 깨끗이 씻어 물기를 턴다.
3 재료를 분량대로 섞어 소스를 만든 뒤 표고버섯 안쪽 움푹 들어간 부분에 담는다.
4 들기름과 올리브오일을 1:1로 섞어 팬에 두르고 버섯을 올려 굽는다.
5 ③에서 남은 소스를 팬에 고루 둘러줘 간이 배게 익힌다.
6 배춧잎 위에 구운 표고버섯을 올리고 송송 썬 실파와 통깨를 뿌린다.

1

4

5

| **영양성분**(1인분) 칼로리 **50kcal** | 탄수화물 **9g**(당류 **6g**) | 단백질 **1g** | 지방 **0.5g** | 나트륨 **15mg** |
| **드레싱** 칼로리 **210kcal** | 탄수화물 **20g**(**18g**) | 단백질 **2g** | 지방 **14g** | 나트륨 **35mg** |

딸기 돌나물 샐러드

비타민 C가 풍부한 딸기는 콜라겐 생성을 도와 피부에 생기를 더하고, 돌나물에 함유된 미네랄은 피부를 튼튼하게 해줘요. 상큼한 드레싱과 아삭한 식감이 조화를 이루는 뷰티 샐러드입니다.

재료 2인분

딸기 8개
돌나물 150g

요거트 유자 드레싱

요거트 2큰술
유자청 2큰술
꿀 2큰술
치아시드 1큰술

만들기

1. 딸기는 씻어서 3~4등분하고, 돌나물은 흐르는 물에 깨끗이 씻어 물기를 턴다.
2. 요거트, 유자청, 꿀을 고루 섞어 드레싱을 만든다.
3. 접시에 돌나물과 딸기를 담고 드레싱을 끼얹는다.

1

3

영양성분(1인분) 칼로리 **124kcal** | 탄수화물 **16g**(당류 **11g**) | 단백질 **2g** | 지방 **6.5g** | 나트륨 **6mg**
드레싱 칼로리 **180kcal** | 탄수화물 **7g**(**5g**) | 단백질 **0.5g** | 지방 **18g** | 나트륨 **430mg**

사과 치커리 무침

사과에 들어 있는 천연 항산화 성분은 피부를 맑게 해주고, 치커리의 비타민 K와 풍부한 식이섬유는 혈액순환과 피부 톤을 개선하는 데 도움을 줘요. 고소한 견과류까지 더해져 산뜻하게 즐기기에 좋아요.

재료 2인분

치커리 7~8줌(약 220g)
사과 1개
호두·피칸·아몬드·캐슈너트 조금씩(각각 3개씩)

오리엔탈 드레싱
올리브오일 6큰술
간장 3큰술
알룰로스 2큰술
레몬즙 4큰술
소금·후춧가루 조금씩

만들기

1. 사과는 깨끗이 씻어 껍질째 채 썰고, 치커리는 씻어서 먹기 좋은 크기로 썬다. 호두와 캐슈너트는 적당히 부순다.
2. 호두와 피칸, 캐슈너트는 적당히 부순다.
3. 올리브오일, 간장, 알룰로스, 소금, 후춧가루, 레몬즙 잘 섞어 드레싱을 만든다.
4. 접시에 손질한 치커리를 담고, 사과와 견과류를 올린 뒤 드레싱을 곁들인다.

1

4

영양성분 (1인분) 칼로리 **70kcal** | 탄수화물 **16g**(당류 **13g**) | 단백질 **1.5g** | 지방 **0.5g** | 나트륨 **20mg**
드레싱 칼로리 **40kcal** | 탄수화물 **2g**(당류 **1g**) | 단백질 **0g** | 지방 **4g** | 나트륨 **40mg**

오렌지 루콜라 샐러드

루콜라, 래디시에 풍부한 비타민 A와 C는 피부 재생을 촉진하고 염증 완화에 도움을 줍니다. 상큼한 오렌지와 가벼운 레몬 드레싱이 어우러져 신선한 영양을 가득 담은 샐러드입니다.

재료 2인분

오렌지 2개
루콜라 한 줌
래디시 4개

레몬 드레싱
레몬즙 2큰술
올리브오일 2작은술
소금 조금

만들기

1. 오렌지는 껍질을 벗겨 한입 크기로 자른다. 루콜라는 씻어서 먹기 좋게 썰고, 래디시는 얇게 슬라이스한다.
2. 레몬즙, 올리브오일, 소금을 잘 섞어 레몬 드레싱을 만든다.
3. 접시에 오렌지, 루콜라, 래디시를 담고 드레싱을 뿌린다.

1

3

영양성분 (1인분)　칼로리 **148kcal**　|　탄수화물 **9.1g**(당류 **6.1g**)　|　단백질 **1.1g**　|　지방 **13.7g**　|　나트륨 **0.3g**

토마토 카르파초

토마토를 슬라이스해서 발사믹 식초와 올리브오일로 맛을 낸 차가운 요리입니다. 토마토에 풍부한 리코펜이 피부 손상을 막고, 올리브오일 드레싱이 리코펜의 흡수율을 높여줍니다.

재료 2인분

토마토 3개
샬롯(중간 크기) 1개
실파 조금

화이트 발사믹 식초 조금
올리브오일 2큰술
소금 조금

만들기

1 토마토는 얇게 슬라이스하고 실파는 송송 썬다.
2 샬롯은 가늘게 채 썬 뒤 화이트 발사믹 식초를 부려 5분간 절인다.
3 접시에 올리브오일을 두르고 소금을 조금 뿌린다.
4 그 위에 토마토와 샬롯을 차례로 올리고, 실파를 고명으로 얹는다.
5 기호에 따라 올리브오일을 위에 좀 더 뿌려도 좋다.

1,2

3

4

영양성분(1인분) 칼로리 **70kcal** | 탄수화물 **16g**(당류 **13g**) | 단백질 **1.5g** | 지방 **0.5g** | 나트륨 **15mg**
드레싱 칼로리 **90kcal** | 탄수화물 **4g**(당류 **3g**) | 단백질 **0.5g** | 지방 **8g** | 나트륨 **310mg**

토마토 오이 샐러드

수분과 항산화 성분이 풍부한 토마토와 오이는 피부를 촉촉하게 가꿔주고, 망고의 달콤함이 상큼한 맛을 더해줘요. 여름철 피부 건강을 위한 산뜻한 샐러드입니다.

재료 2인분

토마토 1개
오이 1개
망고 1개(냉동 과육 150g)

오리엔탈 드레싱
올리브오일 2큰술
간장 1큰술
레몬즙 1큰술
알룰로스 1큰술
다진 마늘 1큰술
소금·후춧가루 조금씩

만들기

1 토마토와 오이는 먹기 좋게 썬다. 망고는 껍질과 씨를 제거하고 같은 크기로 썬다.

2 재료를 분량대로 섞어 오리엔탈 드레싱을 만든다.

3 접시에 토마토, 오이, 망고를 담고 드레싱을 곁들인다.

1

2

3

영양성분(1인분) 칼로리 **260kcal** | 탄수화물 **6g**(당류 **2g**) | 단백질 **15g** | 지방 **20g** | 나트륨 **420mg**

가지 피자

가지의 보랏빛 안토시아닌이 강력한 항산화 효과로 피부 노화를 막고, 치즈의 풍부한 단백질과 지방이 피부 세포 재생과 보습에 도움을 줍니다. 풍미와 영양을 한 번에 담은 건강 피자예요.

재료 2인분

가지 1개
방울토마토 6개
페타치즈 120g
블랙 올리브 10개
토마토소스 5큰술
올리브오일 적당량
소금·후춧가루 조금씩
생 파슬리 조금

만들기

1 가지는 반 잘라 슬라이스하고, 방울토마토도 슬라이스한다.

2 페타치즈는 납작한 큐브 모양으로 자르고, 블랙 올리브는 모양을 살려 슬라이스한다.

3 가지 앞뒤로 올리브오일을 살짝 바르고 소금, 후춧가루로 간한다.

4 오븐 팬에 가지를 올리고 위에 토마토소스를 바른 뒤 방울토마토, 블랙 올리브, 페타치즈를 올린다.

5 180℃로 예열한 오븐에서 약 5분간 구운 뒤 파슬리를 잘라 뿌린다.

영양성분(1인분) 칼로리 **190kcal** | 탄수화물 **6g**(당류 **2g**) | 단백질 **12g** | 지방 **12g** | 나트륨 **90mg**
드레싱 칼로리 **140kcal** | 탄수화물 **2g**(당류 **1g**) | 단백질 **0.2g** | 지방 **14g** | 나트륨 **70mg**

그릭 샐러드

올리브오일에는 불포화지방산이 들어 있어 피부 장벽을 튼튼하게 해 줘요. 피부 보습과 탄력 개선에 도움을 주는 토마토와 오이가 더해져 균형 잡힌 샐러드로 즐기기 좋아요.

재료 2인분

토마토 1개
오이 1개
페타치즈 120g
적양파 1/2개
노란 파프리카 1/2개
블랙 올리브 5개

갈릭 드레싱

다진 마늘 1작은술
레몬즙 1½큰술
올리브오일 3큰술
소금·후춧가루 조금씩

만들기

1 토마토, 오이, 페타치즈는 깍둑썰기한다.
2 적양파와 노란 파프리카는 채 썬다.
3 다진 마늘, 레몬즙, 올리브오일, 소금, 후춧가루를 잘 섞어 드레싱을 만든다.
4 준비한 재료를 접시에 담고 드레싱을 곁들인다.

영양성분(1인분) 칼로리 **325kcal** | 탄수화물 **36g**(당류 **20g**) | 단백질 **7g** | 지방 **17g** | 나트륨 **95mg**

과일 타르틴

타르틴은 바게트나 통밀빵 위에 버터, 잼, 과일 등을 올려 간편하게 즐기는 프랑스식 오픈 샌드위치입니다. 망고, 키위, 복숭아처럼 비타민과 항산화 성분이 풍부한 과일을 더하면 피부 건강에 도움을 줄 수 있어요.

재료 2인분

호밀 바게트 6쪽(140g)

망고 1개(냉동 과육 150g)
키위 1개
복숭아 1/2개
호두·피칸·아몬드 1/2줌씩
무가당 요거트 1통(90g)

만들기

1 망고, 키위, 복숭아는 껍질을 벗겨 얇게 슬라이스하고 호두, 피칸, 아몬드는 적당히 부순다.

2 호밀 바게트를 180℃ 오븐에 3분간 구운 뒤 요거트를 고루 바른다.

3 요거트 위에 망고, 키위, 복숭아를 보기 좋게 올린 뒤 아몬드, 호두, 피칸 등 견과류를 올린다. 단맛을 원하면 알룰로스 시럽을 살짝 뿌려 완성한다.

영양성분(1인분) 칼로리 **280kcal** | 탄수화물 **18g**(당류 **9g**) | 단백질 **12g** | 지방 **18g** | 나트륨 **120mg**

과일 팬케이크

다양한 과일의 비타민과 항산화 성분은 피부에 활력과 윤기를 더해줍니다. 부드러운 팬케이크에 신선한 과일을 올려 아침이나 간식으로 즐기기 좋아요.

재료 2인분

아몬드가루 6큰술
알룰로스 4작은술
달걀 4개
소금 조금

딸기 3개
바나나 1/2개
라즈베리 5~6개
블루베리 5~6개

올리브오일 적당량
메이플시럽 조금

만들기

1 아몬드가루, 알룰로스, 달걀, 소금을 분량대로 넣고 잘 섞어 팬케이크 반죽을 만든다.
2 딸기와 바나나는 슬라이스한다.
3 팬에 올리브오일을 살짝 두르고 반죽을 동그랗게 떠 올려 부친다.
4 접시에 팬케이크를 담고 딸기, 바나나, 라즈베리, 블루베리를 보기 좋게 올린 뒤 메이플시럽을 곁들인다.

영양성분(1인분) 칼로리 **160kcal** | 탄수화물 **14g**(당류 **9g**) | 단백질 **9g** | 지방 **7g** | 나트륨 **25mg**

레몬 포셋

레몬의 비타민 C가 피부 톤을 맑게 하고, 자외선으로 인한 손상을 손상을 완화하는 데 도움을 줍니다. 영국식 디저트인 포셋으로 새콤달콤한 맛과 부드러운 식감을 즐겨보세요.

재료 2인분

레몬 3개
두부 1모(300g)
아몬드 우유 1/2컵
메이플시럽 1/2큰술
강황가루 1/2작은술
바닐라 오일 조금

애플민트 조금씩

만들기

1 레몬을 반으로 잘라 속을 파낸다. 껍질은 용기로 준비하고, 과육은 즙을 짜서 2큰술을 준비한다.

2 믹서에 두부, 아몬드 우유, 메이플시럽, 바닐라 오일, 강황가루, 바닐라 오일을 넣고 준비한 레몬즙 2큰술을 넣은 다음 곱게 갈아 부드러운 레몬 무스를 만든다.

3 레몬 껍질에 무스를 담아 냉장고에서 2~3시간 굳힌다.

4 무스가 굳으면 꺼내서 접시에 담고 애플민트로 장식한다.

영양성분 (1인분) 칼로리 **150kcal** | 탄수화물 **20g**(당류 **12g**) | 단백질 **7g** | 지방 **5g** | 나트륨 **40mg**

두부 바나나 스무디

바나나의 칼륨이 피부 속 수분 균형을 맞추고, 두부의 단백질이 탄력을 더해줍니다. 간편하게 피부 건강에 필수적인 영양소를 채워보세요.

재료 2인분

두부 1/3모(100g)
우유 2/3컵
바나나 1개
부순 호두 조금(2큰술)
알룰로스·소금 조금씩
얼음 적당량

만들기

1 두부는 끓는 물에 2분간 데친 뒤 종이타월로 물기를 제거한다.
2 바나나는 껍질을 벗겨 적당한 크기로 자른다.
3 믹서에 두부, 우유, 바나나, 알룰로스를 넣고 소금으로 간해 곱게 간다. 어느 정도 갈리면 얼음과 호두 절반을 넣고 한 번 더 부드럽게 간다.
4 완성된 스무디를 컵에 담고 나머지 호두를 위에 올린다.

1,2

3

영양성분 (1인분) 칼로리 **160kcal** | 탄수화물 **20g** (당류 **14g**) | 단백질 **9g** | 지방 **4g** | 나트륨 **40mg**

그릭 요거트 바크

그릭 요거트와 베리의 항산화 성분이 피부 톤을 밝게 유지하고 수분을 공급합니다. 냉동해 두었다가 간식처럼 즐길 수 있는 건강한 디저트예요.

재료 2인분

딸기 6개
블루베리 3큰술
그릭 요거트(저당 또는 무가당) 350g
메이플시럽(또는 꿀) 3작은술
그래놀라 조금

만들기

1 딸기는 깨끗이 씻어 딸기는 3~4등분한다. 블루베리도 깨끗이 씻어 준비한다.

2 그릭 요거트에 메이플시럽을 넣고 고루 섞은 뒤, 사각 틀에 유산지를 깔고 그 위에 평평하게 펼쳐 담는다.

3 ② 위에 딸기, 블루베리, 그래놀라를 고루 올리고 냉동실에서 약 3시간 얼린다.

4 얼린 요거트를 꺼내 먹기 좋은 크기로 잘라 접시에 담는다.

1

2

3

영양성분(1인분) 칼로리 **120kcal** | 탄수화물 **14g**(당류 **10g**) | 단백질 **3g** | 지방 **7g** | 나트륨 **9mg**

무화과 그릭 요거트

무화과의 천연 당분과 섬유질이 피부에 생기를 더하고, 그릭 요거트의 유산균이 피부 장벽을 건강하게 유지합니다. 고소한 견과류와 신선한 무화과가 어우러져 깊은 풍미를 즐길 수 있어요.

재료 2인분

무화과 3개
그릭 요거트 40g
호두·아몬드·마카다미아 3개씩

만들기

1 무화과를 깨끗이 씻은 뒤 반으로 갈라 속을 조심스럽게 파낸다.
2 믹서에 호두, 아몬드, 마카다미아를 넣고 입자가 씹힐 정도로 간 뒤 요거트와 섞는다.
3 속을 파낸 무화과에 ②의 견과류 섞은 요거트를 채운다.

영양학 전문가가 제안하는 슬로에이징 식단

저속노화 레시피

지은이 | 어메이징푸드(박현진 이현호 박유미 이초현 오주희)

사진 | 이현실 (스튜디오 루)
비주얼 디렉팅 | 김미은
요리 및 스타일링 | 김미은 손모아 박소현 이인선 (스튜디오 사슴)

편집 | 이희진 김소연 김유미
디자인 | 한송이
마케팅 | 신용천 추미경 안효원

인쇄 | 금강인쇄

초판 1쇄 | 2025년 11월 3일
초판 2쇄 | 2026년 1월 12일

펴낸이 | 이진희
펴낸곳 | (주)리스컴

주소 | 서울시 강남구 테헤란로87길 22, 7층(삼성동, 한국도심공항)
전화번호 | 대표번호 02-540-5192
         편집부 02-544-5194
FAX | 0504-479-4222
등록번호 | 제2-3348

이 책은 저작권법에 의하여 보호를 받는 저작물이므로
이 책에 실린 사진과 글의 무단 전재 및 복제를 금합니다.
잘못된 책은 바꾸어 드립니다.

ISBN 979-11-5616-792-1 13590
책값은 뒤표지에 있습니다.